Zhongguo Wenhua
Zhishi Duben

中国文化知识读本

主编 金开诚

编著 李秀萍

孔尚任与《桃花扇》

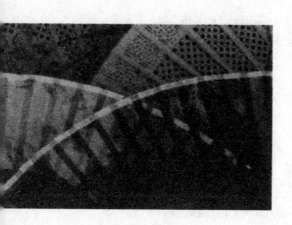

吉林出版集团有限责任公司

吉林文史出版社

图书在版编目（CIP）数据

孔尚任与《桃花扇》/ 李秀萍编著 . 一长春：吉
林出版集团有限责任公司：吉林文史出版社，2009.12（2022.1重印）
（中国文化知识读本）
ISBN 978-7-5463-1981-0

Ⅰ.①孔… Ⅱ.①李… Ⅲ.①孔尚任（1648～1718）
－人物研究②桃花扇－文学研究 Ⅳ.① K825.6
② I207.37

中国版本图书馆 CIP 数据核字（2010）第 005413 号

孔尚任与《桃花扇》

KONGSHANGREN YU TAOHUASHAN

主编/ 金开诚   编著/李秀萍

责任编辑/曹恒   于涉 责任校对/樊庆辉

装帧设计/曹恒   摄影/金诚   图片整理/董昕瑜

出版发行/吉林文史出版社   吉林出版集团有限责任公司

地址/长春市人民大街4646号   邮编/130021

电话/0431-85618717   传真/0431-85618721

印刷/三河市金兆印刷装订有限公司

版次/2009 年 12 月第 1 版   2022 年 1 月第 4 次印刷

开本/650mm×960mm   1/16

印张/8   字数/30千

书号/ ISBN 978-7-5463-1981-0

定价/34.80元

关于《中国文化知识读本》

文化是一种社会现象,是人类物质文明和精神文明有机融合的产物;同时又是一种历史现象,是社会的历史沉积。当今世界,随着经济全球化进程的加快,人们也越来越重视本民族的文化。我们只有加强对本民族文化的继承和创新,才能更好地弘扬民族精神,增强民族凝聚力。历史经验告诉我们,任何一个民族要想屹立于世界民族之林,必须具有自尊、自信、自强的民族意识。文化是维系一个民族生存和发展的强大动力。一个民族的存在依赖文化,文化的解体就是一个民族的消亡。

随着我国综合国力的日益强大,广大民众对重塑民族自尊心和自豪感的愿望日益迫切。作为民族大家庭中的一员,将源远流长、博大精深的中国文化继承并传播给广大群众,特别是青年一代,是我们出版人义不容辞的责任。

《中国文化知识读本》是由吉林出版集团有限责任公司和吉林文史出版社组织国内知名专家学者编写的一套旨在传播中华五千年优秀传统文化、提高全民文化修养的大型知识读本。该书在深入挖掘和整理中华优秀传统文化成果的同时,结合社会发展,注入了时代精神。书中优美生动的文字、简明通俗的语言、图文并茂的形式,把中国文化中的物态文化、制度文化、行为文化、精神文化等知识要点全面展示给读者。点点滴滴的文化知识仿佛颗颗繁星,组成了灿烂辉煌的中国文化的天穹。

希望本书能为弘扬中华五千年优秀传统文化、增强各民族团结、构建社会主义和谐社会尽一份绵薄之力,也坚信我们的中华民族一定能够早日实现伟大复兴!

目录

一 孔尚任浮沉荣辱的戏剧人生

清代著名戏曲家孔尚任是孔子的
后裔

（一）作者简介

孔尚任（1648—1718 年）清代著名戏曲家、诗人，山东曲阜人。字聘之，又字季重，号东塘，别号岸堂。孔尚任是圣门后裔，孔子的第六十四代孙。因《桃花扇》的成功创作，人们将他与《长生殿》的作者洪升并称为"南洪北孔"，被誉为清代戏曲"双璧"。

孔尚任的父亲孔贞璠是崇祯六年(1633年)的举人，博学多才，崇尚民族气节，他的岳父秦光仪、父执贾凫西、堂兄孔尚则等都曾在明朝出仕任职，有的还参与了反清、抗清的活动。孔尚任早年受封建家族的传统教育,康熙六年(1667年)考取秀才,后来为避乱跟着父亲隐居在曲阜北石门山中结庐读书。因为石门山古时称作云山,所以他又自号"云亭山人"。孔尚任是县府学生员,也曾努力争取由科举进入仕途,但没有成功,为此孔尚任还典卖了家中田地,捐资得了个国子监生的科名,却未达到仕进的目的,只能消极地等待,继续过着"野鹤孤伴,山鹿群陪"的生活。37岁前,孔尚任都在家过着养亲、读书的生活。他"自少留意礼、乐、兵、农诸学",对于乐律深有造诣,对戏曲也颇感兴趣,于是便利用在林间泉下的空暇时日,开始写剧本。其间他接触了一些南明

孔尚任利用林间泉下的空暇时日进行创作

孔尚任浮沉荣辱的戏剧人生

遗民，了解到许多南明王朝兴亡的第一手史料和李香君的逸事，对写一部反映南明兴亡的历史剧萌发了浓厚兴趣，开始了《桃花扇》的构思和试笔，但"仅画其轮廓，实未饰其藻采也"，可以说这是《桃花扇》创作的酝酿时期。

康熙二十一年 (1685 年)，孔尚任 35 岁时，应衍圣公孔毓圻之请出山，修《家谱》与《阙里志》，教习礼乐子弟，采访工师，监造礼乐祭器。康熙二十三年（1684 年）冬季，一件意想不到的事成了他一生的转折点，也彻底改变了他的生活之路。康熙皇帝第一次南巡，北归返程时特地经过曲

康熙皇帝在曲阜祭拜孔子，这改变了孔尚任后半生的命运

孔尚任与《桃花扇》

阜祭拜孔子，这是清统一全国以后第一次引人注目的尊孔大礼。时值37岁的孔尚任经人举荐，在祭曲后讲解儒家经典——《论语》，他的讲辞中颇有"颂圣"之语，受到康熙的称许和赏识，让他引驾观览孔庙、孔林等圣迹。康熙帝指示随从大臣云："孔尚任等，陈书讲说，克副朕衷，着不拘定例，额外议用。"当即指定吏部破格任用孔尚任。这样孔尚任就由一个普通的乡村秀才一下子成了国子监博士，相当于最高学府的教授。对于这种非同寻常的际遇，孔尚任自然是感动之至，为此写了《出山异数记》充分表达了感激之情，其中说到："书生遭际，自觉非分，犬马图报，期诸没齿。"康熙看中的是孔尚任是一位有才学的圣裔，特拔人仕含有尊孔崇儒的意思。

第二年，孔尚任进了京城国子监，他便抱着儒家的政治理想，正式开始了仕宦生活。他恪守儒家之道，开坛讲经，并随衍圣公孔毓圻上朝谢恩，再次晋见了皇上。可他还来不及尽显他的儒学经纶的才能，就受命随同工部待郎孙在丰去淮扬治理下河，指导督理河工疏浚黄河海口，历时四年。在淮扬期间，他亲见官吏们挥霍腐败，亲闻人民的痛苦悲

曲阜孔庙大成殿

号，也亲身体验了灾害给百姓造成的困境。他在《待漏馆晓莺堂记》中有云："禾黍之种未播于野，鱼鳖之游不离于室。浸没之井灶场圃，漂荡之零棺败椁，且不知处所。"孔尚任在淮扬写了六百多首诗，将他与百姓的"呻吟疾痛之声"收入《湖海集》中，较为深切地反映了他对当时社会现实的认识。

淮扬一带是明清之际政治军事斗争的重要地区，也是当时的经济文化中心，特别是戏剧艺术十分繁荣。孔尚任的足迹几乎踏遍南明故地。在这里，他结交了一大批文人名士，往还酬唱，还举行过几次

孔尚任在淮扬写了六百多首诗，这些作品深刻地反映了当时的社会现实

孔尚任与《桃花扇》

二三十人的诗酒之会。这些人中有不少是有民族气节的明代遗民，如黄云、许承钦、邓汉仪、冒襄等，他们与明末政治斗争有密切关系，或与清政权持不合作态度。在交谈中常听到这些人缅怀往事，感慨兴亡。这一时期的孔尚任接受了他们的爱国主义思想，加深了对明朝兴亡浮沉的了解，也深化了对现实生活的认识。孔尚任在幼年时就曾听前辈人讲过李香君的故事，很感兴趣，这当是孔尚任作《桃花扇》的一个契机、一种动因。此时听着诗友们有声有色的讲述，孔尚任生发了创作欲望。他积极收集素材，积极为创作《桃花扇》构思。

冒襄与孔尚任剪烛长谈，这为孔
尚任提供了详尽的写作题材

最吸引他注意的人是冒襄，冒襄是明末"南京四公子"之一，揭发阮大铖的《留都防乱公揭》的署名人。冒襄多次到南京参加乡试，不仅与侯方域过从甚密，而且还和李香君有过直接的交谈，对侯、李的婚恋过程十分清楚。一次冒襄不顾80高龄、百里路途，从如皋到孔尚任的住所兴化，两人"同住三十日"，冒襄向孔尚任详细地讲述了南明小朝廷的兴亡之事，两人剪烛长谈，讨论旧闻逸事。冒襄是侯、李离合之情与南明兴亡的历史见证人，不仅为孔尚任提供了详尽的题材细节，而且在民族意识的觉醒上也给孔尚任带来了深刻的影响。

下河衙门解散后，孔尚任待命扬州，到扬州参拜史可法衣冠冢，乘机去南京游览，登燕子矶，游秦淮河，在秦淮河船上听人讲明末旧事；看了已经破残的明故宫，拜明孝陵，又专门到栖霞山白云庵访问了隐居的身历北京甲申之变和南京弘光败局的张怡——也就是写进《桃花扇》中的历史见证人，也是整部剧作的关键人物——张瑶星道士。孔尚任到淮扬治河没有取得什么业绩，却成就了《桃花扇》创作的机缘，使他了解了许多南明的情况，接触到黑暗的社会现实，逐渐认识到吏治的腐败，为其日后的创作打下了基础。

孔尚任于康熙二十八年冬季离开扬州，回到故乡曲阜。康熙二十九年（1690年）奉旨返回京城后，又做了多年的国子监博士，到了康熙三十四年九月下旬才转为户部主事，奉命在宝泉局监铸钱币，成为正六品官员。虽然与钱打交道，但孔尚任却始终清廉自守，不为铜臭所染。显然他的尽职尽责得到了皇帝的赞许，孔尚任于康熙三十八年升任户部广东司员外郎。其间虽然结束了湖海生活，但始终遭到冷遇，更无法发挥他颇为

孔尚任怀才不遇，便以读书和收藏古物来填补生活空白

孔尚任浮沉荣辱的戏剧人生

自许的管晏济时之才，只好用读书和收藏古物来填补闲散的生活，以戏曲、诗歌的创作来抒发抑郁的胸怀。

被冷落的感觉油然而生，有诗云："十年南北似浮家，名姓何人记齿牙？""渐觉名心如佛淡，顿教老兴入诗浓。"在孔尚任的许多诗文作品中都可清楚地感受到，他时时都在感叹自己的穷愁潦倒和碌碌无成。"弹指十年官尚冷，踏穿门巷是芒鞋"，正是他十年官宦生活的写照。

康熙皇帝像

孔尚任 52 岁时，《桃花扇》定稿，"王公荐绅莫不传抄"，康熙也索去阅览。次年春，《桃花扇》上演，不仅在北京频繁演出，"岁无虚日"，而且流传到偏远的地方，连"万山中，阻绝人境"的楚地容美（今湖北鹤峰县），也有演出，引起朝野轰动。然而次年三月，孔尚任不明不白地被免职了。孔尚任的罢官原因无明确记载，好像是一个疑案，孔尚任自己的《长留集·放歌赠刘雨峰》中提到"命薄忽遭文字憎，缄口金人受谤诽"，种种迹象都表明他被免职的原因就是在于他写了《桃花扇》，因文获罪。

其实当时康熙皇帝非常重视这部作品，经常阅读并从中吸取明王朝灭亡的教训。但孔尚任在剧本中流露出了对前明王朝的怀念之情，称赞史可法等明朝忠臣，极力讽刺投降清朝的叛将，尤其在最后一出中借明代魏国公的后人在清代成为皂隶的角色，说出"开国元勋留狗尾，换朝逸老缩龟头"的句子，暗讽清代的辫子和帽子服饰，引起康熙的极大不满，于是在找了个借口将其罢官。至此，孔尚任上任才不过十多天。也有人认为他是被诬与贪贿案有牵连而遭罢官的，然而究竟是什么原因，已无从可考，成了一件疑案。

罢官后，孔尚任在京赋闲了两年多，曾经意图复官。他的友人李恭赠其诗云："紫陌寻春无处存，罢官堂上暮云屯。琅玕藤老环三往，车笠人来共一尊。此日保方留圣裔？昔年遗事说忠魂。升沉今古那堪忆，只羡君家旧石门。"孔尚任在《长留集》中也透露出希望复出的心情，有云："客榻又随新舍扫，朝衫仍付旧尘封。"直到复官无望，才表示："故山今日真归去，上马吟鞭急一抽。"1702年，他怀着依恋和激愤的心情离开京城，回到家乡石门山过起了隐居的生活，虽悠闲疏散，但也孤寂愁苦。此后不久，孔尚任又出游四方，

孔尚任回到家乡过起了隐居生活

康熙五十一年去东莱，在《东莱二首》诗中写道："寄食佣书原细事，那能鲁史即春秋。"可见其潦倒困顿的窘态。后凭借天津诗人佟蔗村的帮助，《桃花扇》才得以刻板刊印。

孔尚任是孔子的后裔，具有儒家的思想倾向

康熙五十七年（1718 年），孔尚任——这位享有盛誉的一代戏曲家，就在曲阜石门家中与世长辞了，享年 71 岁。

（二）孔尚任的创作思想

孔尚任自幼苦读诗书经传，在文学创作方面深受儒家和道家思想的影响。

孔尚任是孔子的第六十四世孙，他的思想具有儒家正统立场和思想倾向，他的创作思想亦受到孔子学说的深刻影响。孔子"夷夏之大防"和"君臣之大义"的思想为孔尚任所奉行，在他的创作中也不同程度地表现了儒家正统的"仁政""爱民""攘夷"及"忠君报国"的观念。清兵杀戮的现实、血染诗扇的传闻在孔尚任幼年的心中留下了阴影，唤起了他强烈的民族情感。然而他的内心充满着矛盾。儒家的思想促使他具有反清的情绪，然而他御前讲经，得到康熙皇帝的赏识，作为清朝的臣子，他想在仕途中有所作为又必须忠于清朝。当他无法实现其志向时，又逐渐对清廷的统治者感到怀疑和不满。这一矛盾使他在创作中也呈现出了复杂的思想变化。

孔尚任的创作受到了道教思想的影响

孔尚任与《桃花扇》

宋元以来，道家的思想对很多戏剧作家及作品都有很深的影响。到了清初，由于孔尚任一生仕途坎坷，无法实现政治抱负，与道家人士的交往又很密切，使得他不可避免地或是下意识地用道教的齐物、人生如梦、功名皆假、世俗可弃、隐逸成仙等思想来指导创作，成道归隐成为剧中主要人物的人生归宿。

孔尚任一生著作甚丰

总之，清初复杂的民族矛盾、阶级矛盾以及统治阶级的内部矛盾，贯穿于孔尚任的儒道思想中，使得他在戏剧中展现了多元的创作思想。

（三）孔尚任的文学成就

孔尚任爱好诗文，精通音律，知识涉猎的范围很广。他一生著述十分丰富，既曾纂《孔子世家谱》《阙里新志》《平阳府志》《莱阳府志》，又撰有《出山异数记》《人瑞录》《享金簿》《画林雁塔》。其中《出山异数记》记载他出任经过；《湖海集》是他疏浚河口时的诗文；《享金簿》记录他收藏的书画古玩。至于诗文创作，则有《岸堂稿》《湖海集》《长留集》《石门集》等。

在戏曲创作方面，孔尚任除了传奇《桃花扇》外，还与友人顾彩合写了一部文士与

《小忽雷》讲述了唐代梁厚本与郑盈盈的爱情故事

宦官斗争的传奇《小忽雷》。

小忽雷是一种颈式半梨形音箱的拨弦乐器，在唐代宫中应用得很广泛。到了清代，孔尚任在北京得到了唐代宫廷著名乐器小忽雷，十分喜欢，便和友人顾彩合作编成了他的第一部传奇戏剧《小忽雷》，并在琵琶上题诗寄思古之幽情。段安节《乐府杂录》载有善弹小忽雷的唐宫女郑中丞因忤旨被赐死，为宰相权德舆的旧吏梁厚本所救结为夫妇的传说。《小忽雷》传奇即以此为蓝本，描写唐代梁厚本与郑盈盈的爱情故事，鞭笞暴虐骄横的奸臣，痛斥趋炎附势的小人。

梁厚本与郑盈盈在曲江亭畔借琴声
互诉衷情，顿成知音

长安才女郑盈盈，自幼师从琵琶圣手楚润娘学习丝弦，名声大振。才子梁厚本喜欢音律，自幼与郑盈盈定有婚约。有一天，厚本偶然从集市上买到了一把稀罕乐器小忽雷，便在曲江亭畔弹弄，正赶上郑盈盈前来，二人借琴声互诉衷情，顿成知音。归途中遇太监仇士良，小忽雷被强行抢去。小忽雷虽入宫，但无人能弹，唐文宗便下旨选美，盈盈被强选入宫。盈盈不从，仇士良欲强抢民女，盈盈于是举起小忽雷反击仇士良，最后遭白绫赐死。众宫女发现盈盈尚有余温，便将盈盈及小忽雷放在箱子中沿着御沟流出宫墙，被梁厚本发现，盈盈死而复生，小忽雷

《小忽雷》涉及了当时著名文人白居易的生活

物归原主，有情人终成眷属。《小忽雷》表现了一代文人的沉郁不平，歌颂了郑盈盈不慕富贵、不畏强暴、坚贞不屈的反抗精神；作品着重描写了帝王的昏庸、藩镇的跋扈，权臣、宦官的专横与倾轧，反映了唐代元和至开成年间朝政的腐败情况。此剧还牵扯当时著名文人白居易、刘禹锡等人的生活，描写了文士和宦官的斗争，主题、结构虽然都与《桃花扇》一脉相承，且多有类似，但它的现实意义和艺术成就都远不及《桃花扇》。这部剧本是孔尚任在创作《桃花扇》之前的探索性成果，它为《桃花扇》的创作提供了艺术经验。

今人汪蔚林辑有三册八卷之《孔尚任诗文集》，是目前较完备的孔尚任的诗文集，1962 年由中华书局出版，是我们今天考察孔尚任生平思想的重要资料。

二一曲《桃花扇》，十年漂泊情

汤显祖出仕之前在家乡时就接触到许多南明遗民，掌握了很多南明兴亡的史料，也听说过一些关于李香君和她血溅诗扇的逸事，感慨很多，萌发了创作《桃花扇》的想法，也有了最初的构思，因所闻所见有限，材料不够，便暂时搁置了。他37岁入仕为官以后，利用在江南治水的机会结交了很多南明遗民名士，搜集了大量的史料，在思想上也有了深刻的认识，为他创作《桃花扇》积累了鲜活的素材。奉旨调回京城后，孔尚任买下了海波巷的一处宅院，将书斋命名为"岸堂"，正式着手创作《桃花扇》。他仔细研读，慢慢消化从南京得到的重要资料，费尽心思设计典型人物、环境、剧情等。历经十多年的艰辛努力，三次易稿，终于在康熙三十八年完成了这部历史传奇剧。

孔尚任买下海波巷的一处宅院做书斋，开始了《桃花扇》的创作

（一）《桃花扇》内容介绍

明王朝即将覆亡的前夕，大明江山风雨飘摇，当时政治腐败，民不聊生，关内爆发了农民大起义，关外的清兵也虎视眈眈，随时欲乘机而入。曾经是明朝改革派的"东林党人"逃难到南京，重新组织著名的文学社团——"复社"，同曾经专权的太监魏忠贤余党和已被罢官的阮大铖斗争。文人侯方域

（字朝宗）来南京应江南乡试，落第不归，侨寓金陵，寓居莫愁湖畔，参加了反对阉党的复社，成为复社领袖之一。1643年春，复社文人写了一篇《留都防乱公揭》来声讨阮大铖。此时河南侯方域正旅居南京，被大家推为领袖。一日，南京文士群集孔庙祭祀，阮大铖也想来趁机活动。阮大铖见树上所贴声讨自己的公揭，便立即撕了下来，因而引起公愤，遭到一通痛打。正值阮的盟弟以及复社文人也有交往的杨龙友走来上前解劝，阮大铖遂借机会逃跑。当夜，杨龙友置酒为朝宗洗尘，河面上起伏着一片笙歌女乐，朝宗不禁随口吟哦"商

侯方域与李香君在河边相识

孔尚任与《桃花扇》

李香君见扇破格相见，款待殷勤

女不知亡国恨"的诗句。当时，秦淮名妓李香君所乘画舫正好经过，李香君闻声有感，低声地漫答："不知亡国恨的岂止是商女"，引起侯方域极大的注意。第二天，杨龙友偕侯方域到媚香楼去拜访香君，时香君正与姐妹们做"盒子会"，例不见客。侯方域受香君养母李贞丽之教，将扇子抛到楼上。香君见扇破格相见，款待殷勤。侯方域便与这位秦淮名妓李香君结为风尘知己，两人萌发爱情，坠入爱河。杨龙友见状乃怂恿侯方域解救李香君出风尘，可侯方域两袖清风，囊中羞涩，无法如愿。杨龙友表示愿代为筹措妆奁花销。阉党余孽阮大铖也在南京闲居，正

一曲《桃花扇》，十年漂泊情

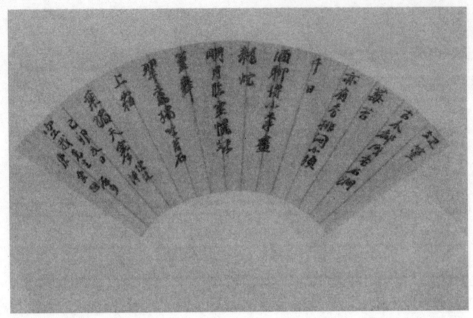

侯方域题诗于扇上，与李香君
定情

受到复社文人围攻排斥，狼狈不堪，他想挽回自己往日的名声与权势，东山再起，企图拉拢讨好侯方域，与复社调停结交，改变不利的处境。因此在得知侯方域手头拮据，又想娶李香君这件事后，立即暗中托请杨龙友代赠侯方域白银三百两重金置办妆套送给香君。侯方域不明底细，听凭龙友一手筹办，也欣然接受了杨龙友的馈赠，乃与李香君定情，侯方域题诗扇上，赠与香君作定情之物。定情次日，李香君向侯方域问及妆奁花销，听说是杨龙友所赠，感到非常惊诧。正赶上杨龙友来访，询问后才知道杨龙友所提供的服装首饰其实都来自复社成员一致憎恨的阮大铖，也明白阮大铖在用意收买侯方域。识破了这一圈套后，李香君怒火中烧，坚决不让侯方域接收阮大铖的馈赠，立刻摘下珠翠，脱下罗衫，请杨龙友退还阮大铖妆奁。侯方域受到李香君的劝说和激励，亦对此事加以拒绝。

遭到李香君和侯方域拒绝的阮大铖为此事怀恨在心。当时南方军事政治集团在危难中加剧了矛盾，武昌总兵左良玉率军移兵南京，侯方域修书劝说其安定下来，阮大铖乘机设下圈套，诬陷侯方域私通左军，做内应共同谋反篡权，并怂恿马士英强杀侯方域。时值闯王攻陷京师，清兵趁机入关，国事动

李香君识破了阮大铖的阴谋，将妆奁全部退还给阮大铖

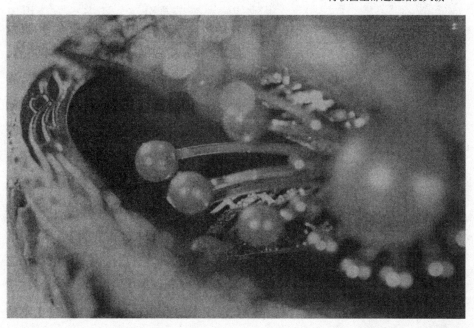

一曲《桃花扇》，十年漂泊情

弘光皇帝即位后不理朝政，整日沉溺于轻歌曼舞之中

荡不安，为避害，侯方域被迫只身逃离南京投奔扬州督师史可法，为之参赞军务，也致使侯、李劳燕分飞，天各一方。甲申三月，李自成率领的农民起义军攻陷北京，崇祯皇帝在北京煤山自缢后，奸臣阮大铖勾结凤阳总督马士英等在南京迎立福王朱由崧为新皇帝，建立南明朝廷，希望在他的旗帜下出兵讨伐叛军，恢复旧有的政权。弘光皇帝即位后，并不关心国家的前途，昏王与奸臣苟且偷安，不理朝政，只知吃喝享乐，整日沉溺于轻歌曼舞之中。阮大铖大权在手，在新政权中担任了兵部尚书的要职，他和大学士马士英结成权力同盟，

共同排挤其他政治势力，迫害正直的大臣，并对复社文人进行大肆搜捕和迫害。阮大铖为泄私愤，还借着马士英想笼络淮阳督抚田仰的机会，献计买李香君送给新任曹抚田仰作妾。李香君情属侯方域，宁死不从，撞头破容，自尽未遂，血溅侯方域当年所赠诗扇。杨龙友爱莫能助，只得劝香君养母李贞丽代替香君嫁给田仰。杨龙友见定情诗扇溅了斑斑血迹，就采摘花汁点染，在宫扇血痕上画成一树桃花，是谓桃花扇。李香君托正直的艺人，也是自己的师傅苏昆生前往扬州寻找侯方域，将溅血诗扇托他带给侯方域以代书信。马、阮为了迎合福王的意旨，于赏心亭

定情诗扇溅了斑斑血迹，杨龙友采摘花汁在宫扇血痕上点染，画成一树桃花

一曲《桃花扇》，十年漂泊情

置酒赏雪，奏请"广搜旧院，大罗秦淮"，抓秦淮歌女来排演阮大铖所编写的《燕子笺》，香君也被抓去。香君乘机用《燕子笺》的原腔韵，自编新词，痛骂奸臣马、阮以泄愤恨，浩气凛然。马、阮大怒，欲置之死地，幸杨龙友在座，婉言求情，看君遂被软禁。侯方域闻讯匆匆赶赴南京，不料香君已被阮大铖打着圣谕的幌子征入宫内做歌妓。侯方域到媚香楼寻找香君，不幸被发现，并被阮大铖捕获入狱。

不久，清兵渡河南下，马士英等权臣本末倒置，把河防前线的三镇兵马调走去防左良玉，史可法独木难支，清兵长驱直入，

侯方域到媚香楼寻找李香君，不幸被阮大铖捕获入狱

孔尚任与《桃花扇》

扬州失陷，史可法孤军奋战，以身殉国。南明灭亡，南京城里一片混乱，福王和马士英、阮大铖仓皇连夜出逃，李香君得同伴相救也乘机趁夜色从宫内逃了出去，到至栖霞山葆贞庵避难。侯方域逃出大牢，面对国破家亡的现实，政治抱负彻底破灭，于是也在栖霞山避难。光阴荏苒，转瞬八年，李香君日夜思念朝宗，不觉怏怏成疾。一日，朝宗与苦苦寻觅他的香君相遇于白云庵，在张瑶星道士国仇家恨的点拨下，他们二人不忍面对国破家亡、山河沦丧的悲惨事实，割断情爱纠缠，双双出家入道。全剧在一派哀悼南明王朝的悲歌声中结束。

故事以二人双双出家入道为结尾

（二）精典剧段欣赏

　　《桃花扇》传奇四十出，开头为"试一出"，中间有"闰廿出""加二十一出"以及最后的"续四十出"，实际上共四十四出。第一出《听稗》至第十二出《辞院》主要写在复社文人与阮大铖等阉党余孽的政治高压下，侯方域与李香君因互相爱慕而结合。第十三出《哭主》至第二十出《移防》主要叙述了侯方域的活动，同时展示了马士英、阮大铖拥立福王即位，史可法被排挤，复社遭迫害，四镇闹内讧等统治阶级内部日益尖锐

的斗争。第十七出《拒媒》中李香君的拒嫁使情节再次出现强烈波折，也使戏剧矛盾更加激化。从第二十一出《媚座》至第二十五出《选优》，主要是李香君的活动，马士英、阮大铖对李香君歹意仍在，并对其加以迫害，而李香君对侯方域的忠贞及在政治斗争中的鲜明态度和疾恶如仇的高贵品行更加令人敬佩。第二十六出《赚将》至第四十出《入道》中马士英、阮大铖倒行逆施，史可法势单力薄，困守扬州，南明王朝最终走上灭亡的不归之路，而侯方域、李香君也在道家的点化下，割断儿女私情，双双入道。

第七出　却奁

癸未三月

（杂扮保儿掇马桶上）龟尿龟尿，撒出小龟；鳖血鳖血，变成小鳖。龟尿鳖血，看不分别；鳖血龟尿，说不清白。看不分别，混了亲爹；说不清白，混了亲伯。（笑介）胡闹，胡闹！昨日香姐上头，乱了半夜；今日早起，又要刷马桶，倒溺壶，忙个不了。那些孤老、表子，还不知搂到几时哩。（刷马桶介）

【夜行船】（末）人宿平康深柳巷，惊好梦门外花郎。绣户未开，帘钩才响，春阳

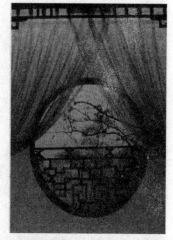

绣户未开，帘钩才响，春阳十层纱帐

一曲《桃花扇》，十年漂泊情

《桃花扇》对人物感情的刻画极为
细腻

《桃花扇》有很强的艺术表现力，
是一部对后世影响很深的历史剧作

孔尚任与《桃花扇》

儿女浓情如花酿

十层纱帐。

　　下官杨文骢，早来与侯兄道喜。你看院门深闭，侍婢无声，想是高眠未起。（唤介）保儿，你到新人窗外，说我早来道喜。（杂）昨夜睡迟了，今日未必起来哩。老爷请回，明日再来罢。（末笑介）胡说！快快去问。（小旦内问介）保儿！来的是那一个？（杂）是杨老爷道喜来了。（小旦忙上）倚枕春宵短，敲门好事多。（见介）多谢老爷，成了孩儿一世姻缘。（末）好说。（问介）新人起来不曾？（小旦）昨晚睡迟，都还未起哩。（让坐介）老爷请坐，待我去催他。（末）不必，不必。（小旦下）

【步步娇】（末）儿女浓情如花酿，美满无他想，黑甜共一乡。可也亏了俺帮衬，珠翠辉煌，罗绮飘荡，件件助新妆，悬出风流榜。

（小旦上）好笑，好笑！两个在那里交扣丁香，并照菱花，梳洗才完，穿戴未毕。请老爷同到洞房，唤他出来，好饮扶头卯酒。（末）惊却好梦，得罪不浅。（同下）（生、旦艳妆上）

【沈醉东风】(生、旦) 这云情接着雨况，刚搔了心窝奇痒，谁搅起睡鸳鸯。被翻红浪，喜匆匆满怀欢畅。枕上余香，帕上余香，消魂滋味，才从梦里尝。

珠翠辉煌，罗绮飘荡

孔尚任与《桃花扇》

（末、小旦上）（末）果然起来了，恭喜，恭喜！（一揖，坐介）（末）昨晚催妆拙句，可还说的入情么。（生揖介）多谢！（笑介）妙是妙极了，只有一件。（末）那一件？（生）香君虽小，还该藏之金屋。（看袖介）小生衫袖，如何着得下？（俱笑介）（末）夜来定情，必有佳作。（生）草草塞责，不敢请教。（末）诗在那里？（旦）诗在扇头。（旦向袖中取出扇介）（末接看介）是一柄白纱宫扇。（嗅介）香的有趣。（吟诗介）妙，妙！只有香君不愧此诗。（付旦介）还收好了。（旦收扇介）

李香君小像

【园林好】（末）正芬芳桃香李香，都题在宫纱扇上；怕遇着狂风吹荡，须紧紧袖中藏，须紧紧袖中藏。

（末看旦介）你看香君上头之后，更觉艳丽了。（向生介）世兄有福，消此尤物。（生）香君天姿国色，今日插了几朵珠翠，穿了一套绮罗，十分花貌，又添二分，果然可爱。（小旦）这都亏了杨老爷帮衬哩。

【江儿水】送到缠头锦，百宝箱，珠围翠绕流苏帐，银烛笼纱通宵亮，金杯劝酒合席唱。今日又早早来看，恰似亲生自养，赔了妆奁，又早敲门来望。

侯方域对李香君出手阔绰，原来
是有赖于杨龙友的馈赠

（旦）俺看杨老爷，虽是马督抚至亲，却也拮据作客，为何轻掷金钱，来填烟花之窟？在奴家受之有愧，在老爷施之无名；今日问个明白，以便图报。（生）香君问得有理，小弟与杨兄萍水相交，昨日承情太厚，也觉不安。（末）既蒙问及，小弟只得实告了。这些妆奁酒席，约费二百余金，皆出怀宁之手。（生）那个怀宁？（末）曾做过光禄的阮圆海。（生）是那皖人阮大铖么？（末）正是。（生）他为何这样周旋？（末）不过欲纳交足下之意。

【五供养】（末）羡你风流雅望，东洛才名，西汉文章。逢迎随处有，争看坐车郎。

秦淮妙处，暂寻个佳人相傍，也要些鸳鸯被、芙蓉妆；你道是谁的，是那南邻大阮，嫁衣全忙。

（生）阮圆老原是敝年伯，小弟鄙其为人，绝之已久。他今日无故用情，令人不解。（末）圆老有一段苦衷，欲见白于足下。（生）请教。（末）圆老当日曾游赵梦白之门，原是吾辈。后来结交魏党，只为救护东林，不料魏党一败，东林反与之水火。近日复社诸生，倡论攻击，大肆殴辱，岂非操同室之戈乎？圆老故交虽多，因其形迹可疑，亦无人代为分辩。每日向天大哭，说道："同类相残，伤心惨目，非河南侯君，不能救我。"所以今日谆谆纳交。（生）原来如此，俺看圆海情辞迫切，亦觉可怜。就便真是魏党，悔过来归，亦不可绝之太甚，况罪有可原乎。定生、次尾，皆我至交，明日相见，即为分解。（末）果然如此，吾党之幸也。（旦怒介）官人是何等说话，阮大铖趋附权奸，廉耻丧尽；妇人女子，无不唾骂。他人攻之，官人救之，官人自处於何等也？

【川拨棹】不思想，把话儿轻易讲。要与他消释灾殃，要与他消释灾殃，也隄防旁人短长。官人之意，不过因他助俺妆奁，便

李香君得知真相后，卸下珠宝，脱去罗绮

一曲《桃花扇》，十年漂泊情

037

李香君虽为烟花女子却深明大义，对政治时局有着清醒的认识

要徇私废公；那知道这几件钗钏衣裙，原放不到我香君眼里。（拔簪脱衣介）脱裙衫，穷不妨；布荆人，名自香。

（末）阿呀！香君气性，忒也刚烈。（小旦）把好好东西，都丢一地，可惜，可惜！（拾介）（生）好，好，好！这等见识，我倒不如，真乃侯生畏友也。（向末介）老兄休怪，弟非不领教，但恐为女子所笑耳。

【前腔】（生）平康巷，他能将名节讲；偏是咱学校朝堂，偏是咱学校朝堂，混贤奸不问青黄。那些社友平日重俺侯生者，也只为这点义气；我若依附奸邪，那时群起来攻，自救不暇，焉能救人乎。节和名，非泛常；重和轻，须审详。

（末）圆老一段好意，也还不可激烈。(生)我虽至愚，亦不肯从井救人。（末）既然如此，小弟告辞了。（生）这些箱笼，原是阮家之物，香君不用，留之无益，还求取去罢。

（末）正是"多情反被无情恼，乘兴而来兴尽还。"（下）（旦恼介）（生看旦介）俺看香君天姿国色，摘了几朵珠翠，脱去一套绮罗，十分容貌，又添十分，更觉可爱。（小旦）虽如此说，舍了许多东西，倒底可惜。

【尾声】金珠到手轻轻放，惯成了娇痴模样，辜负俺辛勤做老娘。

（生）些须东西，何足挂念，小生照样赔来。

李香君摘下珠翠，脱下绮罗，
容貌却更添几分清秀

一曲《桃花扇》，十年漂泊情

（小旦）这等才好。（小旦）花钱粉钞费商量，（旦）裙布钗荆也不妨。

（生）只有湘君能解佩，（旦）风标不学世时妆。

赏析：

"却"指谢绝、拒绝。"奁"，是妆奁，女子出嫁时的嫁妆。"却奁"这里指为李香君严拒阮大铖为李、侯二人订婚而送的礼物。李香君、侯方域二人喜结良缘，一夜春宵之后的第二天清晨，李香君穿戴整齐时，侯方域赞不绝口："香君天姿国色，今日插了几朵珠草，穿了一套绮罗，十分花貌，又添二分，果然可爱。"这一段描写表现了侯方域对李香君美貌的怜爱之情。当杨龙友前来道贺，甜言蜜语地称赞才子佳人，煞费苦心地替阮大铖作说客的时候，李香君先是以一句"这都亏了杨老爷帮衬哩"，以退为进地作了个引子，随后机警地问道："俺看杨老爷，虽是马督抚至亲，却也拮据作客，为何轻掷金钱，来填烟花之窟？在奴家受之有愧，在老爷施之无名；今日问个明白，以便图报。"作者笔触伸到人物的内心深处，揭示出主人公的心理状态，她虽是一名烟花女子，但有着明确

李香君对世事有着清醒的洞察和思考

侯方域与李香君相比有其软弱的一面

的生活目的和人生理想，对政治时局有着清醒的认识，也保持着敏锐的观察，她不相信有人会毫无顾虑、毫无目的地做出这样的事，她必须追根寻源，以明原委。而另一阵营中的人物——杨龙友，他是各派势力此起彼伏的背景下产生的一个无行文人和政客，他既不敢自绝于清流，又不想得罪魏党，于是讨好双方以在政治斗争中谋取利益。杨龙友本就是替阮大铖拉拢、讨好侯方域前来的，此问一出，杨随即痛快地回答："既蒙问及，小弟只得实告了。这些妆奁酒席，约费二百余金，皆出怀宁之手。"并点出了出资的目的"不过欲纳交足下之意。"一介风流名士的侯方域本质并不坏，但对于复杂的斗争生活细节缺

在他人的巧言令色之下，侯方域的政治立场发生了动摇

乏敏感，与李香君比起来，有着软弱的一面。随着杨龙友的劝说与开脱，侯方域的态度由原来的"鄙其为人，绝之已久"瞬时变为"原来如此，俺看圆海情辞迫切，亦觉可怜。就便真是魏党，悔过来归，亦不可绝之太甚，况罪有可原乎。定生、次尾，皆我至交，明日相见，即为分解"。此外，他在阮大铖的金钱利诱、杨龙友的巧言令色下于政治上的动摇不定更加突出，这也正与李香君形成鲜明的对比。

李香君性情刚烈、注重名节

李香君比侯方域还要看重名节，她和侯方域的结合是建立在憎恨阉党这一共同思想基础上的。当她知道杨龙友送的妆奁酒席是

一曲《桃花扇》，十年漂泊情

阮大铖用以拉拢侯方域的礼品，看到侯方域被阮大铖的卑劣手段蒙蔽，而表示接纳并要为阮大铖排解困扰时，不禁怒气上冲，当着杨龙友的面痛斥阮大铖道："官人是何说话，阮大铖趋势附奸，廉耻丧尽，妇人女子，无不唾骂，他人攻之，官人救之，官人自处于何等也？"并拔簪脱衣"脱裙衫，穷不妨；布衣人，名自香"，这位流落风尘的秦淮佳丽，如今竟有这样的胆量与才识，说出这样一席斩钉截铁的道理。她那蔑视一切邪恶、视富贵财利如粪土的刚正之气，的确使那些动摇不定、感情用事的士大夫文人震慑心折。李香君毅然退回了妆奁，劝侯方域拒绝了阮大铖的请求，表现不肯同流合污的气节，大有拍案而起，

李香君的气节和胆魄令人钦佩

孔尚任与《桃花扇》

不让须眉的气概。侯方域为其气节所震撼，反思道："平康巷，他能将名节讲；偏是咱学校朝堂，偏是咱学校朝堂，混贤奸不问青黄。……节和名，非泛常；重和轻，须审详。"这种心理活动的描写，实际上是内心冲突：她一位平康佳丽尚如此看重名节，我一介清流文士倒不如她，竟是非不分了吗？激烈的思想斗争之后，终于和李香君站在一起，将阮大铖的箱笼全部退回。此时，面对退去一身华美服饰，一身布裙荆钗打扮的李香君，侯方域更是由衷赞美道："俺看香君天姿国色，摘了几朵珠翠；脱去一套绮罗，十分容貌，又添十分，更觉可爱。"穿戴了珠翠绮罗，十分花貌，只添二分，"果然可爱"；脱去了珠翠绮罗，十分容貌，反而增添十分，则"更

经过一番激烈的思想斗争，侯方域决定和李香君站在一起

一曲《桃花扇》，十年漂泊情

深明大义的李香君令侯方域敬佩不已

觉可爱"。好一个"十分",好一个"更",与其说是对香君容貌的赞美,不如说是对香君品行的钦佩。深明大义的青楼女子让一介清流文士惭愧,从自叹弗如到幡然醒悟,侯方域对李香君的爱慕升华到了敬佩,直说"真乃侯生畏友也"。本以为自己已经十拿九稳地将阮大铖托付的事办好的杨龙友,此时完全没料到李香君会有这样的惊人之举。李香君的疾恶如仇，侯方域的翻然醒悟，让自己讨了个没趣，"乘兴而来兴尽还"，只好灰溜溜地离开了。李香君的此番正义之举与杨龙友种下了隔阂，更与阮大铖结下了冤仇，直接导致了后面生发出的一系列辗转波折。

作者在《却奁》这出戏中，通过多种表现手法，成功地刻画了李香君、侯方域、杨龙友三个栩栩如生的人物，显现出了各自鲜明的个性。李香君聪明、勇敢、有气节，她的形象处于《桃花扇》全剧艺术世界的中心，在此一出中更是光彩照人。李香君表现出的在乱世末流中独立自持、不畏权势、刚正不

李香君故居

一曲《桃花扇》，十年漂泊情

村郭萧条，城对着夕阳道

侯方域看重的不只是李香君的美貌，更是李香君的品格

阿、可敬可叹的高贵品格，非一般青楼女流可比拟，也非一般世俗女子可比拟，作者更是将自己的褒贬、爱憎寄寓在了剧作的字里行间。

续四十出《余韵·哀江南》

【北新水令】山松野草带花桃，猛抬头秣陵重到。残军留废垒，瘦马卧空壕。村郭萧条，城对着夕阳道。

【驻马听】野火频烧，护墓长楸多半焦。山羊群跑，守陵阿监几时逃？鸽翎蝠粪满堂抛，枯枝败叶当阶罩。谁祭扫，牧儿打碎龙碑帽。【沉醉东风】横白玉八根柱倒，堕红泥半堵墙高，碎琉璃瓦片多，烂翡翠

孔尚任与《桃花扇》

李香君故居内陈列的桃花扇

窗棂少，舞月墀燕雀常朝，直入宫门一路蒿，住几个乞儿饿殍。【折桂令】问秦淮旧日窗寮，破纸迎风，坏槛当潮，目断魂消。当年粉黛，何处笙箫？罢灯船端阳不闹，收酒旗重九无聊。白鸟飘飘，绿水滔滔，嫩黄花有些蝶飞，新红叶无个人瞧。【沽美酒】你记得跨青溪半里桥，旧红板没一条。秋水长天人过少，冷清清的落照，剩一树柳弯腰。【太平令】行到那旧院门，何用轻敲，也不怕小犬哞哞。无非是枯井颓巢，不过些砖苔砌草。手种的花条柳梢，尽意儿采樵，这黑灰是谁家厨灶？【离亭宴带歇指煞】俺曾见金陵玉殿莺啼晓，秦淮水榭花开早，谁知道容易冰

南明亡国以后，说书人柳敬亭做了渔夫

消。眼看他起朱楼，眼看他宴宾客，眼看他楼塌了。这青苔碧瓦堆，俺曾睡风流觉，将五十年兴亡看饱。那乌衣巷不姓王，莫愁湖鬼夜哭，凤凰台栖枭鸟。残山梦最真，旧境丢难掉，不信这舆图换稿。诌一套《哀江南》，放悲声唱到老。

赏析：

【哀江南】是《桃花扇》的续四十出《余韵》的主体部分，作为结局的《余韵》，既是对全剧的一个总结，又是作者思想感情一个淋漓尽致的抒发。

南明亡国以后，教曲师傅苏昆生做了樵夫，说书人柳敬亭做了渔夫。两人在南京的龙潭江畔相遇，恰巧又遇上相识的老赞礼，三人饮酒唱曲抒怀。老赞礼唱的是神弦歌《问苍天》，柳敬亭唱弹词《秣陵秋》，苏昆生把重游南京时的所见所感吟成【哀江南】套曲，表达了沉痛的家国兴亡之感。

该套曲共由七支曲子组成，前六支曲子，以教曲师傅苏昆生游南京的踪迹为线索，由远而近，唱遍了南京城的方方面面，从城郊写到孝陵，从故宫写到秦淮，从板桥写到旧院，以写景为主，以空间转移为纬线，逐处写去，以抚今追昔的时间变化

眼前残破的景象勾起苏昆生对故国的无限哀思

为经线，从历史和现实的对比中，突出南明灭亡之后南京荒凉残败的景象，展现了南京面目全非的变化，在景物描写中蕴涵了怀念故国的无限哀思，不言情而情自在景中。这六支曲子集中笔墨写景，一气呵成，层层蓄势，使第七支曲子的抒情水到渠成。第七支曲子是总括部分，直抒胸臆，概括南明兴亡原因，抒发亡国之恨，激愤之情猛然爆发，动人心魄。全曲长歌当哭，不能自已，一曲悲似一曲，一句悲似一句，仿佛仰天长号，抚地饮泣，堪称借景抒情的佳作。

【北新水令】一曲是引子，写苏昆生重到秣陵（南京）傍晚时所见到的战后郊外的荒败凄凉景象，给整套曲子定下了浓郁、悲怆的基调。

"山松野草带花桃"，描写的是苏昆生肩挑柴草、信步走在通往故都的路上的形象，点出老艺人在南明灭亡后隐居山林的樵夫身份。"猛抬头秣陵重到"，一路低头沉思，重见故都，引起感情上的强烈震撼，不禁抬头凝望。从动作写感情，表达了人物满怀亡国之痛，"猛抬头"三个字不禁使人联想苏昆生心怀亡国之痛、低头沉思的画面，而且陡然一转，表现了他的感情的急剧变化，使人仿佛看到他突然发现"秣陵重到"的情态。"重到"两字提起全篇，包含了无限的今昔之感，表明了南明灭亡之前和灭亡之后、往昔和今日的时间界限，引出苏昆生目睹的南明灭亡之后南京的凄凉景象，定下了全篇今非昔比、怀旧伤今的写景抒情基调。在结构上提挈全篇，整套曲子由这两字逐层展开。接着由人及景描绘满目疮痍。"残军留废垒，瘦马卧空壕"两句，写的是苏昆生"重到"南京后第一眼看到的景象。勾画了南京郊外物事全非的衰败景象，十字四景，景景让人触目惊心。

残军留废垒，瘦马卧空壕

一曲《桃花扇》，十年漂泊情

"残""废""瘦""空"四个词作修饰语，分别修饰"军""垒""马""壕"四字，贴切地写出了战乱后的凄清阴森，山河破碎，满目萧条，又衬以夕阳孤村之景，可看作曲词炼字的范例。战事已成过去，败军溃逃的情形仿佛就在眼前，这是虚写，是因眼前的实景"废垒"而引起的联想；"残军"与"瘦马"也是虚实相对，前者为眼前之未见，后者为眼前之所见；昔日用于战争的"垒""壕"，如今已"废""空"，又衬之以卧在空荡荡的城壕中的瘦弱之马，更显凄凉，南明王朝军败如崩、四散溃逃的情景使人身处其境：清军攻来，马士英、

《北新水令》一曲贴切地写出了战乱后的凄清阴森、山河破碎和满目萧条

孔尚任与《桃花扇》

夕阳古道

阮大铖等腐败的阉党余孽逃跑了；弘光皇帝被俘；大学士王铎、礼部尚书钱谦益向清朝跪拜称臣，异族的统治给这个六朝繁华之地、昔日虎踞龙盘的帝王之都带来了灾难，战后百姓的家园萧条冷落。"村郭萧条，城对着夕阳道"，本应是游人如织、笑语喧哗的古城，如今却是只剩"萧条"，夕阳古道上，连个人影也见不着，这人和景被夕阳的昏黄余晖所包孕，更显黯淡凄惨，令人伤心惨目。作者写人绘景，上下联寥寥数十字，就真切地重现了经历过战争活动的南京城郊伤痕累累、孤村夕照的凄凉景象，突出了国破山河改的时代特点。

以下五曲写苏昆生凭吊昔日国都的各处

原本的圣地如今却是一片破
败，令人不忍目睹

地方，重点写明孝陵、明故宫的残败和秦
淮一带的冷落。通过对比，突出地表现了
南明兴亡的历史变迁，寄寓了怀念故国的
无限哀思。

【驻马听】一曲写苏昆生凭吊孝陵。

孝陵即明孝陵，是明代开国皇帝朱元
璋的陵墓，由神宫监置兵守卫，是一代社
稷的象征。明三百年间这里一直是大明臣
民顶礼膜拜的神圣之地，可如今呢？原本
的圣地现在却是一片破败：战火烧过的痕
迹依然存在，动物任意横行之地，枯枝败
叶铺满阶殿，令人不忍目睹。"山羊群跑"
一句表现出杂乱、喧闹的景象，下一句化
动景为静景，鸽子、蝙蝠的成群飞行，堂

堂皇陵已成为禽鸟的家了；而遍地的鸟毛、泛着恶臭的鸟粪，一扫圣地的庄严与肃穆。目睹此番景象，老艺人的沉痛之情油然而生，不禁发出"谁祭扫"的轻声疑问，是问也无需问，暗含了对误国君臣的谴责，充满了无限辛酸的故国之思。庄严的孝陵原本有相当丰富的石刻，随山路起伏排列成一条长约八百米的神道石刻，蔚为壮观，可现在"牧儿打碎龙碑帽"，已被无知的牧童打得粉碎。"牧儿"在不在场？真是"牧儿"打碎的，还是只是猜测？是怎样去"打碎"的？"碎"了的"龙碑帽"是什么样子？这些都没有交代，但这简洁的一句思想和情感的容量却很大："龙碑帽"可不是普通的摆设，它是大明王朝三百年帝业的象征，它的被"打碎"，暗示了一个时代的结束。曲尾的这处点睛之笔，给人留下无限的回味。

【沈醉东风】一曲，描绘老艺人离开孝陵，到来明故宫所见的颓废图景。

故宫建于明初，自公元 1421 年明统治者迁都北京，南京就被称为"留都"。甲申之变，清兵占据北京，福王朱由崧立即在南京被拥立登基帝位，这样南京就成了南明的首都，也成了大明朝臣民们寄予中兴希望的

明故宫曾极其雄伟华丽

一曲《桃花扇》，十年漂泊情

中心之地。而故宫极其雄伟华丽，是至高无上的皇帝处理朝政及生活之处所，是江山社稷及威威皇权的象征，也是南明遗民寄寓亡国之恨的主要依托。然而，皇帝昏庸，纵容奸臣误国，无力平定武将内讧，南明王朝只存在了一年的光景，就随着清军对南京的占领而灰飞烟灭了。现如今苏昆生眼前的故宫又是怎样一番今人揪心的景象呢？

白玉柱子倾倒了，红泥墙也塌在地上，澄黄的琉璃瓦破碎不全，翠绿的翡翠窗棂所剩无几，燕雀在丹墀上跳来跳去，宫门里长满了浓绿的蒿草，丹墀中飞舞着燕雀，宫殿变成了"乞儿饿殍"的居停之地。作

明朝覆灭后，明故宫一片狼藉

孔尚任与《桃花扇》

者用白描手法，以强烈色彩，画出了这幅色彩明艳却凄凉无比的图景。今日的荒凉中残留着昔日的豪华，昔日的豪华反衬了今日的荒凉。南明政权好景不长，象征着国家政权的故宫本身发生了如此巨变，这怎能不勾起大明遗民们的兴亡之感呢？尤其是此曲中"燕雀"和"饿莩"两个细节的设置让人悲从中来。"舞丹墀燕雀常朝"，"舞"字，写出了燕雀自由自在的情态，再用"朝"字把这种情形与臣子拜见天子的庄严礼仪联系起来，给人以今昔对比的联想，如今已无昔日的神圣与庄严，有的只是那份残破、那份潦倒。当老艺人把视线落在可怜的乞丐身上，故国不堪回首的感慨更加淋漓尽致地表现了出来。

秦淮河景色依旧，但已不见了往日的繁华

【折桂令】一曲写苏昆生重访秦淮河。

秦淮河是长江下游支流，横贯南京市，经南京市区西入长江，河两岸为景胜、繁华之地，南京夫子庙一带在六朝时就十分繁盛，众多妓院云集也是秦淮河繁华的一部分。

破旧不堪的门外，潮水拍打的声音阵阵传来。此处以动衬静，用风声、潮声反衬了萧索、寂寥的人声。接着，作者将人物和节日情况作了今昔对比。尽管秦淮水声依旧，白鸟绿水依旧，黄花红叶依旧，可是没有了云集而来的游人与佳丽；舞榭歌台，笙箫彻夜的景象更是无处可寻。作者用富有代表性的"粉黛""笙箫""灯船""酒旗"，写尽了昔日秦淮河畔繁华热闹、美不胜收的景象。而现在却是"端阳不闹""重九无聊"。"端阳""重九"中南方的重大节日，是人们隆重庆祝的佳节，如今的"不闹""无聊"展现了一片冷落凄凉的氛围和人们颓废萎靡的精神状态。这一切的残败情景只能让故地重游的人黯然销魂了。

【沽美酒】一曲描写通往秦淮的板桥边的景象。

曲子在"你记得"三字的领起下开始，这是苏昆生问柳敬亭的话，以唤起回忆。紧接着，他感慨万分地一边与友人一起回忆过去，一边介绍着今日长板桥。长板桥本是歌伎集居之地，风景十分优美，过桥小溪轻流，夹岸绿柳低垂，一道红色板桥掩映在万绿丛中，雅致宜人。而现在呢？美景全消。

当年横跨青溪的半里长桥上，人来人往，熙熙攘攘，而现在却是红板全无，行人稀少。与秋水长天、落日余晖相伴的只

夹岸绿柳低垂

孔尚任与《桃花扇》

有桥边的一棵孤零零的垂柳。"冷清清"一词极富神韵，既描绘了深秋夕照的自然景色，也传达出老艺人身心俱寒的主观感受。"冷清清的落照"又与"一树柳弯腰"互相映衬，愈显冷清；"剩一树柳弯腰"表明柳树只有一株，是孤独之柳，而且是昔日众多柳树中的残存之柳、仅存之柳。柳树失去了当年笑拂春风的妩媚之态，而是似有重压地"弯腰"。"剩"字尤其意味深长，有"被残留下来"的意味，使人想见当年丝丝绿柳夹岸垂翠的美景，饱含今非昔比的变迁感和感时伤怀的无限凄凉，更贴切地表达了唱曲人的故国情怀。

作者对秋意的渲染烘托出了老艺人的沉郁悲怆之感

作者选用了没有桥板的空桥、一树弯柳、秋水长天、落照等几种典型景物，用笔极简，却步步深入地创设情境，描绘出了板桥残景。"一条"和"一树"突出了美景的萧瑟，渲染了荒芜、零落的氛围。它写出了板桥的秋意，透视了老艺人深埋于心中的亡国丧土之悲和沉郁悲怆之感。

【太平令】一曲写秦淮旧院内部荒芜的情景。

绕过板桥，就是旧院。旧院是秦淮歌妓聚居的地方，过去苏昆生天天来此授曲教唱，何况他就是昔日妓院里名妓李香君的教曲师傅。他对这里的庭院小楼、一草一木都十分熟悉并怀有深厚的感情。此时，时过境迁，老艺人怀着怅惘的心情在这面目全非的小院中，努力寻找旧日的痕迹。

旧院的庭院已是门墙颓倒，人去楼空，满目凄凉。踯躅在断井颓垣之间，穿行于蛛网尘封之地，看到的是干枯的水井、废弃的鸟巢、砖上的青苔、阶前的杂草。当年亲手种的花被人采摘践踏，亲手栽的树被人任意砍掉作了柴草，困惑一堆黑灰，无法判定是谁家的厨房。这一切怎会不让院中昔日的常客伤痛不已呢？作者抓住人物和环境关系密切的这点，通过塑造寻觅故园的人物形象，把旧院的荒芜之景和时代变迁的感叹融合在一起，富有生动的形象性和感人的力量。

孝陵、故宫、秦淮、板桥和旧院等地的衰败更能反映出南明覆灭的荒凉破败

从【驻马听】到【太平令】五支曲子以写景为主，寓情于景，分别依次按苏昆生故地重游的踪迹为线索、由远而近地描写了孝陵、故宫、秦淮、板桥和旧院这些金陵古城的代表景致。孝陵是皇家陵园、故宫是庄严赫赫的皇城，它们都代表着明朝的尊严和威权；秦淮是歌舞升平之地，代表着当日南京的富庶和繁华。这三者的兴衰变化最能反映江山沦陷、南明覆灭的荒凉破败，因此也更能抒发亡国之痛。

一曲《桃花扇》，十年漂泊情

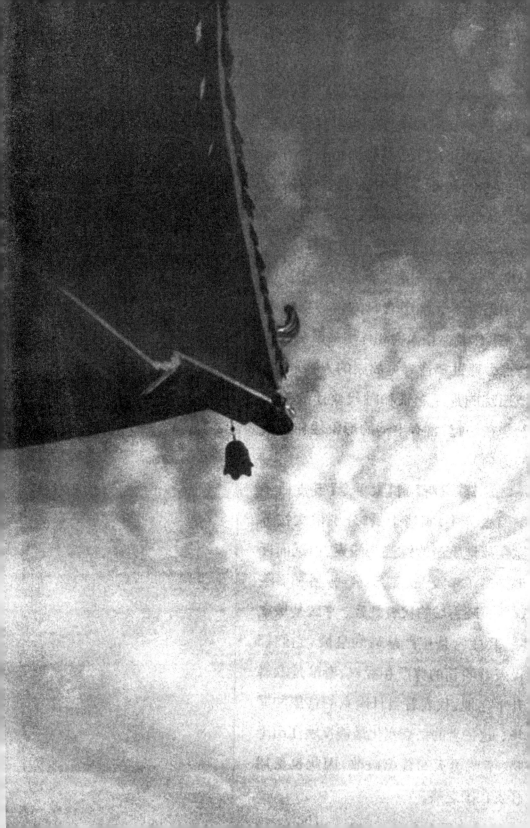

【离亭宴带歇拍煞】是这套曲的最后一支曲子，通过苏昆生凭吊南京，慨叹南京今昔景象的变化，痛悼南明的灭亡，唱出强烈的亡国哀痛。

通过前六支曲子对景物的描写，老艺人的感情愈渐激昂、高涨。在最后这一曲中，终于按捺不住心中的悲怆，放声悲歌，尽情抒发，将感伤情绪推上了极致。

从"俺曾见"至"把五十年兴亡看饱"，以反复强调的手法，痛斥了统治者的腐朽淫逸。"金陵玉殿莺声晓，秦淮水榭花开早"，用典型景物概括了前面六支曲子中所追寻回忆的美致。"金陵玉殿""水榭秦淮"虽只是地点，但不难想象当初南明皇帝和显贵官宦们不顾局势紧张，一味昏天黑地、纵情赏景享乐的情景。可好景不长，"谁知道容易冰销"一个转折，一针见血地指出了这种享乐带来的不可逆转的灭亡命运，充满了对昏君奸臣的嘲弄与讽刺，雄辩地表明了荒淫腐化和亡国之间的必然联系。作者亲眼看着建起的朱红色高楼，亲眼看着在高楼里盛请宾客，也亲眼看着高楼轰隆隆垮塌。此处借写富贵人家的楼起楼塌的短暂情景，来悲叹时代的兴亡盛衰如沧海桑田，世俗的繁华富

孔尚任一针见血地指出了明朝覆灭的原因

贵皆如过眼烟云。接着苏昆生以饱尝了明王朝兴衰胜败的秦淮艺人的身份，用"将五十年兴亡看饱"八个字，概括了他回顾历史、目睹现状的无限感慨，也是对统治阶级悲剧意识的声声呼唤。一个"饱"字形象地表明了他对这段兴亡史实认识的清楚、深刻、透彻。从"那乌衣巷"一直到最后，作者以步步深入的手法，紧促的节奏，表达了愤激之情，抒发了强烈的亡国之痛。统治荒淫无耻直接导致社稷垮台、山河巨变。从莫愁到哭，由凤凰到枭鸟，写出了人民对山河易色的深悲剧痛。"残山梦最真，旧境丢难掉"，这"残山梦"中，既包蕴着对"权奸误国"的不堪回首和一腔怨愤，也包蕴着对殉难臣将的怀念哀悼。结句"不信这舆图换稿，诌一套哀江南，放悲声唱到老"，把感情再深化一步，声泪俱下。南明灭亡、江山易主是不争的事实，遥远不可期的未来又是怎样？已逝的繁华与如今的荒凉形成了强烈的对比，这让人不信、难信而又不得不信的败落，更见其亡国之情的痛切，饱含着末世文人难以排遣的失落与迷惘，而心中坚定的是永志不忘亡国的哀痛。

《离亭宴带歇指煞》表达了末世文人对亡国的痛切之情

孔尚任与《桃花扇》

秦淮河畔

　　此曲在写法上较为突出的一点是对偶和排比修辞手法的运用。"金陵玉殿莺啼晓，秦淮水榭花开早""莫愁湖鬼夜哭，凤凰台栖枭鸟""残山梦最真，旧境丢难掉"使用对偶的修辞方法，"眼看他起朱楼，眼看他宴宾客，眼看他楼塌了"使用了排比的修辞方法，一下子使句式整齐、节奏鲜明、语势贯通，加重了语意，产生了情声并茂的强烈表达效果，突出了今昔对比，展示出所看到的南京盛衰兴亡，将国破家亡之恸、燕去楼空之慨抒发得更感人，使人对景神伤，自然产生怀念故国的悲痛。

　　这曲子是尾声，更是画龙点睛之笔。前

一曲《桃花扇》，十年漂泊情

这最后一曲好似封建末世的挽歌，流溢出深切的亡国之痛

六支曲子集中笔墨写景，层层铺叙，一气呵成，最后则水到渠成，激情迸发，直抒胸臆，挥洒淋漓。从语言上说，尾曲慷慨苍凉、抑扬铿锵，句式整齐又错落有致。以"残山梦最真，旧境丢难掉。不信这舆图换稿。诌一套哀江南，放悲声唱到老"，点明全篇主旨。这支封建末世无可奈何的声声悲歌夹泪蘸血，气薄云天，情撼山河。苏昆生的悲歌，是对南明王朝的凭吊和对三百年大明江山覆亡的伤感，他以自己在历史巨变中所深切体会的沧桑之感和切肤之痛流溢出封建末世文人心中的破败、失落和感伤情怀，他释放的是一曲民族的悲歌，一曲封建末世的挽歌。

声声悲歌，情撼山河

　　从戏剧冲突和故事情节的角度来看，全剧到《入道》就已经收尾，《余韵》中的幻灭、感伤意绪，在此更加引起人们心中的余痛和悲哀，进一步渲染悲剧气氛，进一步强调主题思想。李泽厚在《美的历程》中阐述《余韵》产生正是因为"作为全戏结尾的套【哀江南】是它的主题所在"。它不是戏剧的高潮，却是感情的高潮。套曲采用了第一人称的写法，苏昆生现身说法，随处指点，时发感慨，制造一种活生生、似乎能使人可感可触的境界，增加了作品的亲切感和感染力。这套曲子运用典雅凄婉的语言、先铺写景物，寓情于景，情景交融，后直抒胸臆，慷慨悲歌，达到了情文并茂、音节哀响、错落有致的效

一曲《桃花扇》，十年漂泊情

《哀江南》寄寓了作者对故国的
无限哀思

果，突出地表现了南明兴亡的历史变迁，
寄寓了无限怀念故国的哀思，表达了深挚、
强烈的亡国之痛，富有极强的感染力。孔
尚任有感于明朝的亡国，借离合之情，写
兴亡之感，表现了他强烈的民族主义感情，
《桃花扇》是我国文学史上表现爱国主义
感情的一首哀歌，也为我们留下了绵绵不
绝的"余韵"。

三 借离合之情，写兴亡之感

孔尚任因为有感于康熙皇帝的知遇之恩而产生了颂扬当今圣上的构思

《桃花扇》是中国清代著名的传奇剧本，该剧以复社文人侯方域和秦淮名妓李香君悲欢离合的爱情故事为中心线索，利用真人真事和大量文献资料，穿插明末的一些重大历史事件，形象深刻地展现了明末腐朽动荡的社会现实及统治阶级内部的矛盾，谴责了南明王朝统治集团的昏庸与腐败，反映南明弘光王朝覆亡的历史，热情歌颂了主人公敢于和权奸作斗争的高尚气节和爱国情感。

从创作主要经历的三个阶段来看，孔尚任的创作思想是随着他复杂的思想感情的变化而变化的。在他出仕以前，其初衷只是单纯地抒发兴亡之感。出仕以后，因为有感于康熙皇帝的知遇之恩，又产生了颂扬当今圣上的构思，这便是他在修改《桃花扇》时添加颂扬圣朝的《试一出·先声》的原因。他通过老赞礼之口说出"旧丽唐虞世，花开甲子年，山中无寇盗，地上总神仙"，"处处四民安乐，年年五谷丰登。今乃康熙二十三年，见了祥瑞一十二种"，对康熙皇朝大大地歌颂了一番。由于淮扬现实生活的磨难和京中闲官冷宦的刺激，他重新审视了从扬州、南京访间得来的大量素材，深化了对南明史料的认识，使吊明之亡的意蕴愈来愈浓，颂扬圣朝的情绪越来越淡。虽有"颂圣"的意向，吊明救世的意图仍始终居于主导地位，而"借离合之情，写兴亡之感"正是创作初衷的体现，也是全剧的主题思想。在《桃花扇小引》中作者自己就说道："桃花扇一剧，皆南朝新事，父老犹有存者。场上歌舞，局外指点，知三百年之基业，隳于何人？败于何事？消于何年？歇于何地？不独令观者感慨涕零，亦可惩创人心，为末世之一救矣。"这"兴亡之意"不仅是指南明王朝的短促命运，同时也是指明朝三百年的基业。

《桃花扇》借离合之情写兴亡之感

借离合之情，写兴亡之感

作品中关于这方面的大量描绘，鲜明地揭示了南明王朝覆亡的历史教训，它使我们从一连串舞台艺术形象里清楚地看到当时南明统治集团的荒淫、腐朽，他们苟且偷安、腐化堕落，一步步把国家民族推向覆亡的边缘；他们在政治上的把持权位、排挤异己，一步步走向了投降敌人的道路。《试一出·先声》中首先总结了南明覆亡的历史教训："立昏主，征歌选舞，党祸起奸臣。"孔尚任将南明王朝覆灭的原因归罪于两个方面：一是昏君误国；二是权奸当道。当李自成的农民起义军攻下北京，清兵乘机入关的时候，马士英、阮大铖等阉党余孽勾结四镇迎立福王为弘光帝。福王自称"无愁天子"，广选宫女，纵情声色，不思进取，不顾祖宗基业，不顾国家安危和百姓生计。剧中老赞礼评介到："承继个儿郎贪戏耍，不抱怨仇不挣家。"他任凭马士英和阮大铖争权夺势，宣称"万事不如怀在手，人生几见月当头"，整日纵酒行乐，享受人生。好景不长，国破家亡，吃了自种的苦果。《桃花扇小识》中曾说："权奸者，魏阉之余孽也；余孽者，进声色，罗货利，结党复仇，隳三百年帝基者也。"

弘光帝整日纵酒行乐，不思进取

这是指阉党余孽阮大铖与马士英互相勾结，迎立酒色之主福王，把持朝政，大权独揽。他们忘记了中原未复，大敌当前，买妾的买妾，选优的选优，完全是一派腐化堕落的现象。他们为了坐稳宝座，维持权利，党同伐异，大肆迫害主持正义的东林、复社人士，毁掉了明朝三百年的基业。为了私人派系的利益，他们不仅丝毫没有想到上下一心，团结对敌，

阉党余孽阮大铖与马士英互相勾结，毁掉了明朝三百年的基业

借离合之情，写兴亡之感

反而假公济私，自相残杀，甚至"宁可叩北兵之马，不可试南贼之刀"，调黄、刘三镇的兵去戴防左良玉，致清兵得以乘虚南下，成立刚刚一年的南明王朝就跟着覆亡。江北四镇高杰、刘良佐、刘泽清等人，在清兵压境之际，不是积极备战，而是内讧，厚颜无耻地认为"国仇犹可恕，私恨最难消"。许定国计杀高杰，引清兵渡河，二刘从黄得功手里抢走了弘光皇帝献给清朝以卖主邀功。这是一批自私自利、卖国求荣的无耻之徒，当时清兵南下，国势颓危之时，他们或跑或降，一副副无耻嘴脸展示着南明王朝的可怜结局。

南明覆亡之后，苏昆生、柳敬亭和老赞礼都隐逸山林

剧中在揭露昏君乱臣腐朽暴虐的丑恶面目时，也重点歌颂了以史可法为代表的抗清将领，表现了他在"江山易主"以后沉江殉国的英雄气概，体现了作者的救世愿望。作者赞扬了李香君关心国家命运、反抗邪恶势力的可贵气节，肯定了民间艺人柳敬亭、苏昆生为挽救国家危局不惜奔波以及他们和其他歌妓、艺人、书商等下层人民反对权奸、关心国事、不做顺民的正义感和民族气节。南明覆亡之后，苏昆生、柳敬亭和老赞礼都坚持民族气节，隐于山林之间，保持了他们

侯、李的爱情悲剧，是由国家危
亡造成的

清正的名节，而徐青君投降清朝后到栖霞山"访拿山林隐逸"的情节，辛辣地讽刺了投降变节的南明旧臣，作者用"开国元勋留狗尾"一句台词，就入木三分地刻画了这位降官的丑态，与苏昆生、柳敬亭、老赞礼形成鲜明的对照。作者在这里一贬一褒，毫不掩饰地贬斥降清，褒扬抗清，流露出相当强烈的民族意识和对明朝覆亡痛心疾首的民族情绪以及对救国无力的哀叹。

而所有的这些孔尚任抒发的"兴亡之感"，不是简单地在叙述历史，而是在充分尊重史实的基础上，又加以点染虚构，

将李香君和侯方域的"离合之情"置于南朝弘光王朝覆灭的社会环境中，从中揭示个人命运与国家命运的息息相关，达到了作者的创作目的。侯方域和李香君的爱情悲剧，是由国家民族的危亡造成的，而国家民族的危亡是昏君权奸造成的。换句话说，写情只是手段，写政才是目的，是借儿女之情，抒发南明王朝兴亡的感触。侯方域、李香君身逢末世，空有忠肝义胆，却无力铲除奸恶、挽回世道人心的颓丧，最后只能在栖霞山双双入道。"你看国在那里，家在那里，君在那里，父在那里，偏是这点花月情根，割他不

《桃花扇》揭示了个人命运与国家命运息息相关的道理

借离合之情，写兴亡之感

《桃花扇》的立意深度远远超出
了一般的历史剧和爱情剧

断么？"这是作者救世不成而消极遁世的一种思想表现。孔尚任自己所写的《入道》一出尾评称："离合之情，兴亡之感，融洽一处，细细归结，最散，最整，最幻，最实，最曲迁，最直截。此灵山一会，是人天大道场。"

　　总的说来，孔尚任在创作《桃花扇》的过程中以现实主义的大手笔，出色地构思了亡明痛史中爱情纠葛与政治浪潮的相互交织，全文笼罩着"末世"之叹，实则表达了一种浓厚的空幻、感伤情绪。《桃花扇》的立意深度远远超出了一般的历史剧和爱情剧，展示了广阔的历史背景和社会内容，也使《桃花扇》成了一部不朽的悲剧名著。

四 《桃花扇》主要人物形象分析

《桃花扇》剧照

孔尚任是一位善于塑造人物形象的戏剧家，他善于从人物对同一事物的不同态度来展开他们的内心世界，又善于用浓淡不同的笔墨来塑造艺术形象。《桃花扇》成功地刻画了一系列个性鲜明的人物形象，无论是文臣武将、妓女艺人还是清流文士，一个个生动形象、呼之欲出，他们的一行一止、一颦一笑展现了自身的性情，也使作品具有鲜明、强烈的艺术感染力。

（一）李香君——色艺双全、义盖云天的秦淮歌女

历史上的李香君是金陵名妓，"秦淮八艳"之一，不仅美艳如花，而且具有极

李香君多才多艺，琴棋书画样样
精通

高的文化修养，多才多艺，琴画、歌舞、诗
书样样精通，虽身材娇小，但论胸中志气，
政见节操，能让须眉俯首，男儿气短。经过
孔尚任的加工塑造，李香君成为《桃花扇》
中形象最完整、最感人，也是最为成功的一
个角色。她是秦淮歌妓，身方十六，聪明美
貌，虽处在受压迫受侮辱的社会底层，但崇
尚气节、具有敏锐的政治眼光，以其才识魄
力，使侯方域避免了政治失节，也逃脱了逆
党迫害，令清流士子自愧不如。

李香君正直、刚强，她关心国家命运，
对事物观察敏锐，对统治阶级里的黑暗势力
保持警惕，具有坚定、鲜明的政治立场。《却

李香君不仅爱侯方域的才华和风
度，更爱他"复社四公子"的名节

衾》一出中，当李香君正处在温馨幸福时刻，
却对政治敌人保持着清醒的头脑，见到杨
龙友时警惕地问："俺看杨老爷，虽是马
督抚至亲，却也拮据作客，为何轻掷金钱，
来填烟花之窟？在奴家受之有愧，在老爷
施之无名；今日问个明白，以便图报。"
当她知道阮大铖出资收买侯方域的阴谋活
动时，大怒，坚决辞却阮大铖暗中为她置
办的妆奁。她爱侯方域，不仅爱他的才华
和风度，更爱他"复社四公子"的名节。
所以当她看到侯方域软弱动摇时，义正词
严地斥责道："官人是何说话，阮大铖趋
附权奸，廉耻丧尽；妇人女子，无不唾骂。

孔尚任与《桃花扇》

他人攻之，官人救之，官人自处于何等也？"紧接着将头饰裙衫丢了一地，虽然知道自己此时会让杨龙友下不来台，也会让侯方域很尴尬，这样的举动更可能招来无穷的后患，但她清醒地知道"不思想，把话儿轻易讲。要与他消释灾殃，也提防旁人短长。官人之意，不过因他助俺妆奁，便要徇私废公；那知道这几件钗钏衣裙，原放不到我香君眼里。（拔簪脱衣介）脱裙衫，穷不妨；布荆人，名自香。"她轻金钱、重气节，在大是大非面前，明辨真伪，粉碎了阮大铖拉拢侯方域的阴谋，以自己鲜明的政治态度、刚烈的性格和正义凛然的举动深深影响了侯方域，也

李香君故居卧室一景

《桃花扇》主要人物形象分析

087

得到了复社名士的尊重。

　　李香君在与侯方域悲欢离合的爱情中，历经种种坎坷与磨难，但仍不改对侯方域的情深义重，对爱情的忠贞不渝。她不幸流落烟花巷，却卖艺不卖身，追求纯洁高尚的幸福生活。香君敢爱敢恨，她所爱的是自己不容玷污的爱情和政治理想，二者在她身上又是统一的，理想寄寓在不为暴力所迁的爱情上。她与侯方域结合，除了郎才女貌的普遍吸引之外，还有对复社人的仰慕，也正因为如此，她的爱情才不至于堕入烟花水雾，她才会自觉地维护爱情理想。历经战事之时，李香君对侯朝宗的

李香君不幸流落烟花巷，却始终追求高尚幸福的生活

孔尚任与《桃花扇》

痴情随处可见。侯方域走后，她"洗粉黛，抛扇裙，罢笛管，歇喉唇"，深藏那把定情扇，决心守志，"自守空楼，望残春，白头吟罢泪沾巾。"当杨龙友以三百金做诱饵，劝说她改嫁给田仰时，香君丝毫不动摇，不愿对权贼卖笑，不肯向奸臣求欢，她带着嘲讽的口吻公开声称："卖笑晒，有勾栏艳品。奴是薄福人，不愿入朱门"。并坚定地说："定情诗红线拴紧，抵过他万两雪花银。""奴便终身守寡，有何难哉，只不嫁人。"金钱和富贵的诱惑，权臣势利的威胁都无法让她出卖自己的理想与爱情。《守楼》更是将情节推向关键的一环。面对强行让她改嫁的人，怒骂到："呸！我立志守节，岂在温饱。忍寒饥，决不下这翠楼梯。"将定情宫纱扇作为守卫自己贞节的利剑，更是以头撞地，把花容"碰了个稀烂"，血喷满地，淋漓溅坏了诗扇。宁为玉碎，不为瓦全，此情此景，如何不叫人震惊！为势不可犯的凛然正气如何不让人揪心！孔尚任在《桃花扇小识》中说："守贞待字，碎首淋漓，不肯辱于权奸者也。""案齐眉，他是我终身倚，盟誓怎移。宫纱扇现有诗题，万种恩情，一夜夫妻。"这是李香君心情的写照，更是对侯方域的脉

李香君不畏权贵，对爱情忠贞不渝

脉柔情和似海深情。在她身上，鲜明的政治爱憎和坚贞不渝的爱情得到了统一。

她性格的刚烈纯洁，痛恨奸臣，疾恶如仇，有胆识，有气魄，具有反抗邪恶势力的可贵气节和强烈的民族主义及炽热的爱国情怀。在斗争中她性格的光辉一面又有所发展，终至"碎首淋漓不肯辱于权奸"，并进一步认识了马、阮统治集团的狰狞面目和丑恶的本质。在《骂筵》一出里，李香君把自己推上了政治斗争的风口浪尖。当群恶聚首时，不仅不惧，还庆幸"难得他们凑在一处，正好吐俺胸中之气"，她把生命置之度外，要"做个女祢衡，挝渔阳，声声骂"。她冒着生命的危险痛骂马士英、阮大铖："堂堂列公，半边南朝，望你峥嵘。出身希贵宠，创业选声容，后庭花又添几种。把俺胡撮弄，对寒风雪海冰山，苦陪觞咏。" "东林伯仲，俺青楼皆知敬重。干儿义子从新用，绝不了魏家种。"这一骂，淋漓尽致、精彩绝伦；这一骂，如瓢泼大雨全部无情地浇注在奸贼头上。"奴家已拼一死。吐不尽鹃血满胸，吐不尽鹃血满胸。"活脱脱写出一个有胆有识的女豪杰。李香君虽风尘弱质，却胆识过人，为了维

李香君虽风尘弱质却胆识过人

李香君的节操坚如松柏

护自己的人格尊严、爱情幸福和政治信念，她敢于直面惨淡的现实，以主动进攻、刚烈果敢的气概，对马士英、阮大铖表示出极大的蔑视，甚至不惜付出生命的代价，伸张人间的正义，她蔑视强暴的勇敢精神亦令须眉丈夫所汗颜。

李香君在国家危难之际，决不随波逐流，历经波折，在国破家亡、理想毁灭，物是人非之时，割断情缘，毅然出家入道。她刚烈的性格、开阔的视野，坚如松柏的节操，凛然的气节和清醒的政治头脑，使她在不断升级的斗争中，在不断激化的矛盾中，越挫越勇，让人折服。

李香君是我国戏曲舞台上最耀眼的
女性形象之一

李香君这位沦落烟花的不幸女子，弱骨柔情，却能把个人命运系于家国民族的兴亡，她的形象是在和侯方域爱情的坚贞节操中体现出来的，是在和权奸的政治斗争中表现出来的，她的侠义气概，光彩照人，是战斗洗礼的结晶，她是反对权奸和黑暗势力的代表。她是一位令人敬佩的巾帼英雄，也是我国戏曲舞台上最耀眼的女性形象之一，在中国古典戏曲史上有着崇高而光辉的历史地位。

（二）侯方域——风流倜傥、忧国忧民的明末名士

历史上的侯方域，是河南商丘人，祖

父侯执蒲是明朝的太常卿，父亲侯恂做过户部尚书，都是刚直不阿的忠臣。侯方域才华横溢，风流倜傥，与方以智、陈贞慧、冒辟疆合称"明复社四公子"，又与魏禧、汪琬合称"清初文章三大家"。《桃花扇》中侯方域是孔尚任所塑造的男主人公形象，结合历史的真实，加以艺术的点染，侯方域的活动表现了当时统治阶级里一部分文人的生活态度和政治面貌，抨击了权奸、谴责了对复社文人褒中见贬的政治态度，并表达了他归隐的愿望。

明末文人崇尚自由放纵，常常出入歌楼妓馆

侯方域风流倜傥、博学多才、文采出众，不但是一个封建知识分子的典型，在他身上更集中了明末文人的德行、才学和生活作风。明末的文人接受了肯定人欲、个性解放的人文主义思潮的沐浴，他们崇尚自由放纵，出入歌楼妓馆，把寻求冶游艳遇作为自己生活中的一种高雅的追求。他流寓北京，忧心时世艰难，但看不到出路，也不为国事奔忙，只"学金粉南朝"寻访秦淮佳丽消愁去了。侯方域为东林后裔，复社盟主，"南京四公子"之一，在《听稗》一出中侯方域自称"早岁清词，吐出班香宋艳；中年浩气，流成苏海韩潮"。《修札》一出中，为了阻止左兵东下，引起南中内乱，欣然代父命笔；迎立之时，他又冒着开罪马士英之险，慷慨陈词，列举福王的"三大罪""五不可立"，言辞激烈，表现了他的才学和政治头脑。风流放纵也是其生活中不可缺少的一部分，《访翠》中提到的他与其他东林复社文人的活动主要集中在饮酒看花、观灯赋文、欣赏戏文、寻访佳丽上。

复社文人心忧国家、打击奸党、勇于发表自己的政见，为挽救明王朝尽着力所能及的力量。侯方域作为复社领袖之一，有正义感和济世之声，关心国家政治，继承东林党人的事业，一直站在反对以阮大铖、马士英为代表的阉党余孽的行列中，表现了他政治上积极、进步的一面。

在《桃花扇》中，孔尚任进一步突出了他的政治性，而作者的政治倾向性是依托于他所塑的一系列文人形象的，尤其是侯方域的身上。侯方域一出场，作者就把他与明王朝日暮途穷的政治状况联系起来。侯方域在孙楚楼边，莫愁湖上看到"那些莺颠燕狂"之人并不关心国家的兴亡，而自己面对"烽烟示靖，家信难通"的局面，看到"黄尘匝地，独为避乱之人"，内心

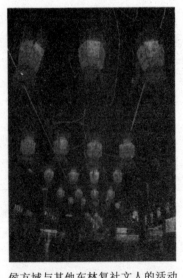

侯方域与其他东林复社文人的活动主要集中于饮酒看花，观灯赋文

孔尚任与《桃花扇》

充满了对国家命运、百姓生活的担忧。对他的出场,《桃花扇》康熙刊本眉批曰"莺颠燕狂,关甚兴亡,是南朝病根"。作者是让侯方域带着对明朝命运前途未卜的忧虑上场的,此时更加接近明亡之时,从而进一步增加了这一角色的政治色彩和与国家命运紧密相连的关系。在《听稗》一出中,吴应箕建议侯方域去听柳敬亭说书,侯闻说立即大怒道:"那柳麻子新做了阉儿阮胡子的门客,这样人说书,不听也罢了!"连阉党门客说书也加以斥责和讽刺,可见对阉党余孽的强烈憎恶。他很有正义感,反对魏党余孽的同时,又参与南明王朝的

作者让侯方域带着对明朝命运前途未卜的忧虑上场

孔尚任与《桃花扇》

政治斗争，也曾奔走于江北四镇，企图说服高杰、黄得功、刘良佐、刘泽清团结对敌，抗清复明。侯方域强烈谴责朱由崧，反对拥立福王。在第十四出《阻奸》中，侯方域闻说马士英来信要立福王，正当史可法犹豫不决要回书答应时，他提出截然相反的意见，列出福王的"三大罪""五不可立"。"三大罪"即欲篡皇位、偷竭内府、父死远避；"五不可立"即天无二日同协、尚有太子监国、自有贤人候选、怕强蕃乘机保立、恐小人乘机邀功。坚决反对拥立福王。侯方域反对并猛烈抨击以阮大铖为首的阉党余孽，反对拥立福王，间接地表达了作者反对权奸、清明廉洁的政治主张。

侯方域虽志高气慨，但他性格懦弱，具有思想局限性

侯方域虽志高气慨，有救世之声，但他性格懦弱，思想激进却行动不足，表现出一定的政治思想局限。作者一方面让侯方域表达了对阉党的愤怒与谴责，另一方面又让侯方域无所作为，显现出他性格上软弱、妥协的弱点，这也反映了作者对以侯方域为首的复社文人的委婉批评。作为一个困顿科举考场的风流士子，侯方域斥责"莺颠燕狂"的贵家公子"关甚兴亡"，自己却在国家内外危机深重的时候，流连于秦淮，沉醉在歌楼

侯方域虽心系社稷，但胆小怕事，无所作为

酒馆之中，忘情声色，时刻寻花问柳以"消遣春愁"。他曾被马、阮逮捕入狱，没有变节是事实，但是《会狱》中当狱卒提取周镳、雷演祚出狱行刑时，居然忘形到"看呆"了，还忍不住心惊胆战，"吓死我也"的话脱口而出，胆小怕事的一面跃然纸上。他曾为史可法修书一封，列举福王"三大罪"与"五不可立"；但在弘光即位后又后悔自己的鲁莽："小生侯方域，前日替史公修书，一时激烈，有'三大罪''五不可立'之议，不料福王今已登极，马士英竟入阁办事，把那些迎驾之臣，皆录功补用。"后兵部尚书熊明遇听说左良玉领兵东下，要抢南京，便托杨龙友恳求侯朝宗代父修书一封，劝阻左军东下，侯朝宗义不容辞，欣然命笔；但是，他又畏惧路途艰险，以"小弟轻装薄游，只带两个童子，哪能下的书来"为由，将送信任务推个干净。他被史可法委以重任，却不能调解四镇矛盾；随高杰监军，却不能阻止高杰被赚而亡和高杰的军队四散溃败；阻止了左良玉就食南京，却又成为左军东下的导火索，客观上加速了南明的灭亡。因此，侯方域在李香君光辉形象的映衬下显得懦弱卑微、相形见绌。南明福王政权灭亡，包括侯方域在内的复社文人得以从狱中逃脱。逃到南京龙潭江岸，当他们得知史可法已经沉江自尽的消息，所能做的也只有哭拜一番，然后分头散去。《入道》一出贬责他在国亡家破后还只顾谈情说爱，想的只是夫妻还乡。所有这些，都表现了他政治态度的软弱性、妥协性和不坚定性，决定了他不可能成为抗清的中坚力量。侯方域入道的结局则表达了作者归隐的愿望，并借此抒发了浓郁的兴亡之感。

总之，在作者笔下的侯方域作为一个进步的文人，有参与政治的热情，有以身报国的勇气，但找不到挽救南明命运的途径，缺

作者借剧本的结局抒发了浓郁的民族兴亡之感

《桃花扇》主要人物形象分析

杨龙友才华过人，能诗善画

乏对拯救国家有实际意义的行动。侯方域自诩甚高而又碌碌无为，慷慨有节又怯懦不堪，蔑视权贵却耽于声色，用"思想上的巨人，行动上的矮子"来形容实不为过。

　　一个是忧国忧民的侯方域，一个是色艺双全的李香君，是作者着意塑造的两个标志性的人物，此二人是对彼此都情深义重的爱侣，也各自固守着民族大义和人生气节。但仅仅有这二人也是无法使得作品成为千古绝唱的。孔尚任通过一把"桃花扇"把纷纭的人物和变换的场景、复杂的情节串联成为一个和谐的整体，为我们展现了一系列个性鲜明的人物形象，寄托了自己爱憎强烈、忠奸分明的情感和态度。

（三）其他人物

　　杨龙友在剧中是中国古代尤其是晚明的一个典型的文人形象，杨龙友似乎是一个亦正亦邪的人物，穿梭于复社文人和阉党余孽之间，一方面以自己是阮大铖的盟兄、马士英的妹夫而自豪，另一方面又与复社文人、秦淮名妓保持密切的联系，是戏剧链条上关键的一环。他的戏份较重，是全剧中出场次数仅次于男主角侯方域的人物，虽然唱词较少，但是男女主人公的离合悲欢主要是通过他的活动串联起来的。他才华过人，能诗善画，风流自赏，处事圆滑，八面玲珑，个性软弱，不讲原则，没有坚定的政治立场，随波逐流，甚至是为虎作伥。他先介绍侯方域与李香君认识，为二人牵线做媒，继而又攀附讨好当朝权贵阮大铖，用妆奁梳拢李香君。杨龙友推荐甚至亲自劝说李香君嫁给田仰作小妾，致使李香君的血溅扇面。清兵到来之际，慌忙逃窜，弃职回了老家。杨龙友的特殊、复杂的性格特点是与他生活经历密切联系的。他在崇祯时做官不过县令，尽管在南明王朝中由于时代与机遇使然当上了较高的官，但时间很短。他和

清兵到来之际，杨龙友慌忙逃窜，弃职回了老家

《桃花扇》主要人物形象分析

马士英是至亲，又要依靠马获取高官厚禄，所以他圆滑世故，尽管对马士英的所作所为常常不满，却又不得不经常违心地称颂他，并为他做事，这样可以追求到他想要的功名得禄；他又想保全名节，所以与复社文人也有必要的联系。作品中又多表现出他的善良，具有同情心和人情味。《辞院》中写他对阮大铖污蔑侯方域勾结左良玉一事充满义愤，及时通风报信，在侯生彷徨无计时又是他出主意让侯去投奔史可法。《桃花扇》中作者通过动作和说白刻画了杨龙友这个复杂的人物形象，起着其他人物无法替代的作用。

《桃花扇》剧照

孔尚任与《桃花扇》

苏昆生和柳敬亭是《桃花扇》中正义凛然、重情重义，具有坚定的与黑暗势力作斗争精神的人物形象。作为杰出的江湖艺人，没有显赫的地位，没有官位俸禄，甚至没有政治发言权，但他们豪爽的性格、独立的人格和仗义的品格，却在一定程度上反映了那个特定的历史时期、特定群体的愿望、理想和追求。

苏昆生被溃兵推入黄河滚滚波涛之中，仍不忘舍命保全侯、李定情之物

当复社文人声讨魏阉余孽阮大铖时，宽厚、质朴、老成的苏昆生毅然离开阮府到秦淮河媚香楼，作了李香君的教曲琴师，处处为香君着想，时时为香君打算。《访翠》中，"香君面嫩，当面不好讲得；前日所定梳栊之事，相公意下允否？"他像慈父一样帮助香君订下梳栊之事，成就香君与侯方域的美满姻缘。后受到李、侯二人的影响与说书艺人柳敬亭参与"复社文会"。后受李香君所托将桃花扇交与侯方域，苏昆生辗转至黄河岸访侯方域，被溃兵推入黄河滚滚波涛之中。性命垂危之际，苏昆生"横流没肩，高擎诗扇"（《逢舟》），舍命保全侯李定情之物。左良玉兵败自杀，兵马各奔东西，苏昆生独自守护着左元帅的尸体，点起香烛，哭奠一番。如此悲凉之场景，如此真挚的情感，表

现了苏昆生鲜明的爱，这种爱是对左良玉生命的惋惜，更是对国家前途大势已去的哀叹。南明灭亡，心灰意冷，归隐山林渔樵为生。最后在《哀江南》写苏昆生重游旧时居留之地，睹今思昔怆然而涕下，化为摧肝裂胆声声悲歌，作者更是将自己深沉的感伤情结和历史意识寄寓其中。苏昆生是一位饱看五十年沧桑变幻的老艺人，他的侠肝义胆、古道热肠和爱国热忱，是作品中不可或缺的。柳敬亭离开阮府后，曾为复社公子们说书，他借说《论语》故事来做"现身说法"，表明自己在国家大事面前不与逆臣同流合污的鲜明的政治立

众人吃酒行令之时，柳敬亭借苏东坡与佛印说禅的笑话嘲讽阮大铖

孔尚任与《桃花扇》

场。同时还不失时机地用嘲讽的手段同奸党进行着斗争。像《访翠》中，众人吃酒行令，柳敬亭借苏东坡与佛印说禅的笑话嘲讽阮大铖在《哄丁》中被秀才们打得狼狈不堪的情形，"这样硬壶子都打坏，何况软壶子。"

柳敬亭和苏昆生作为普通的江湖艺人，虽在演艺界享有盛名，但地位是卑贱的，应该说在政治上是起不了多大作用的小人物，但是他们关心国事、热心侠义，用清晰的善恶标准和明确的是非观念，表达着自己的爱恨和道义观念，担当起了国家兴亡的社会责任。他们关注国事，不附权贵、爱憎分明，表现出难能可贵的独立人格和高尚品质，"国

柳敬亭和苏昆生虽是普通江湖艺人，但他们关心国事，热心侠义

《桃花扇》主要人物形象分析

家兴亡，匹夫有责"的高度社会责任感在柳、苏身上体现得则更为充分。面对统治阶级内部的政治争斗，政权天平向着清廷倾倒的一刻，他们毅然选择了归隐山林，离开了那个充满残酷斗争的不平世界，保持了自己坚守的高尚节操。

以史可法为代表的忠义勇猛的爱国将领是孔尚任极力赞扬的人物。作者曾到过扬州的梅花岭祭拜过史可法的衣冠冢，感慨万千地写道："梅花岭亦倾，人来立脚叹。岭下水滔滔，将军衣冠烂。"在《桃花扇》里，他将满腔的热情倾注在史可法的身上。以极大的同情，写史可法怎样激励将士，死守扬州，并终于沉江殉国的。《誓师》一出尤为突出地表现了史可法的忠肝烈胆、义盖云天。然而在那样腐朽的南明王朝里，马士英、阮大铖掌控下的朱由崧荒淫无道，清军的挥兵南下，史可法是完全孤立的。他孤掌难鸣，名为阁部、统帅，实际只有三千残兵，一座孤城，但他义无反顾地坚守阵地，整顿军队。面对死气沉沉的士兵，他悲愤地"哭声祖宗，哭声百姓"。泪水湿透了战袍，哭出的血泪染红了衣襟。大家被他的赤诚打动了，全都跪下誓言"不

史可法投水自杀，慷慨捐躯

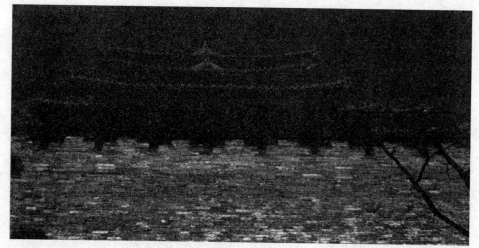

孔尚任在《桃花扇》中颂扬左良玉对国家的赤胆忠心

替朝廷出力，竟是一伙禽兽"。最终南京的沦陷，史可法感到复国无望，投水自杀，慷慨捐躯，以悲剧的方式结束自己的一生。虽然南明王朝土崩瓦解了，但一个悲壮的民族英雄的形象却傲然挺立。

左良玉、黄得功亦是孔尚任颂扬的忠臣。左良玉忠心报主，他是带着为国尽忠的赤胆忠心出场的，为了崇祯皇帝他"家散万金酬士死，身留一剑答君恩"。但由于军中乏粮，士兵鼓躁，不得以才撤兵汉口，就食南京。听到崇祯吊死煤山，左良玉放声恸哭，表现出一个忠义之将无限的痛苦与深深的自责。继而他与袁继咸、黄澍拜盟结义，为保西南半壁江山，决心死守荆襄，并且要"戮力奔命，报国仇早复神京"。黄得功是四镇之一，在弘光朝进封为侯爵。他同样忠心为主，对

《桃花扇》主要人物形象分析

弘光忠心不二，在《截矶》中激愤地表白说："一腔忠愤，盖世威名，要与俺弘光皇帝，收复这万里山河。"弘光逃难时，他誓死保驾，并以君臣之礼待之。当出尔反尔，背叛朝廷的刘泽清、刘良佐到来时，黄得功见其谋反，持鞭便打，怒斥有加。最后弘光被二刘挟持去北朝以求得封赏，而自己遭到家将田雄的箭射暗算，不得以自杀而亡。黄得功忠心耿耿，为主而死，实现了"孝当竭力，忠则尽命"的誓言，也受到了作者的褒扬。

在《入道》中，明朝忠臣最终被册封成仙

史可法、左良玉、黄得功三位军事将领或忠于崇祯，或忠于大明，或忠于弘光，都是明朝的忠臣。在《入道》一出中最终被册封成仙，化为飞天使者、太清宫紫虚真人和游天使者，荣耀圆满的结局表现了作者对他们的热烈礼赞。

阮大铖和马士英是剧中的两大罪大恶极之人，他们狼狈为奸，是造成悲剧的罪魁祸首。阮大铖在才学方面也很出众，但人品却十分低下，逢迎取宠、奸邪狡诈是他的本性。他本为魏忠贤的余党，魏忠贤失败后，为了摆脱尴尬的境遇，曲意逢迎复社文人，拉拢侯方域，低声下气，扬言要"悔过"，全力装扮出一副可怜相，可却无法遮掩骨子里的

《桃花扇》中倒行逆施、丧尽廉耻的民族罪人最后均不得善终

阴险毒辣，包藏祸心。他时刻梦想着要东山再起，善于观察政治形势，见风使舵。左良玉缺粮，士卒浮躁，时局动荡时，他趁机打击复社，诬陷侯方域私通左良玉谋反。可一旦得势，他就恢复了趋附权奸、结党营私、中饱私囊的本质。崇祯自缢后，他立即和马士英迎福王登基，捞取个人权利和资本，排斥史可法，更加放肆地打击报复复社文人。阮大铖和马士英出卖良心，出卖百姓，出卖民族利益，作为倒行逆施、丧尽廉耻的民族罪人，他们一个被山神夜叉刺跌而死，一个被雷击死。在《桃花扇小识》中，作者明确写道："权奸者，魏党之余孽也；余孽者，进声色，罗货利，结党复仇，隳三百年之基业者也。"他认为明亡的主要原因在"魏党余孽"。这反映了孔尚任抨击权奸的政治态度，并认为他们是明朝灭亡的主要原因。

作者在《桃花扇》中塑造了一个又一个源于生活又高于生活的艺术形象，他们个性鲜明，内涵丰富，都有不同的内心世界和音容笑貌，即使是同一类型的人，在复杂历史条件下也都有各自不同于别人的性格特点，他们与"离合之情"相结合，完美地展现着"兴亡之感"，很好地诠释着作品的主题。

五

《桃花扇》

的艺术特色

《桃花扇》是中国古典戏剧的一部杰作，取得了多方面艺术成就。

（一）全剧结构紧凑，悬念巧设，波澜起伏，前后呼应。

孔尚任以概括生活的巨大的艺术才能和独创性，通过侯方域与李香君悲欢离合的爱情主线，尤其是通过象征他们的爱情命运的一把扇子，把南明兴亡史、明王朝统治集团以及社会中各色人物的活动与矛盾斗争等庞大的政治内容有机地贯串在一起。

全局情节错综复杂，反映生活的画面非常广阔，艺人、文人、武将、皇帝等近

侯方域与李香君悲欢离合的爱情主线展现了南明的兴亡史

孔尚任与《桃花扇》

三十个人物活跃在南京、扬州、武昌这些重要场所。人物众多，情节复杂，实难驾驭。但整出剧作被作者巧妙地通过一把桃花扇，把大大小小的情节与各式各样的矛盾贯穿起来，做到了井然有序，主次分明，脉络清楚，错落有致，浑然一体，使剧情得到了合乎规律的发展，从而加强了舞台的艺术效果。桃花扇是侯方域与李香君二人定情信物，是二人坚贞爱情的见证，"赠扇""溅扇""寄扇""扯扇"及"守楼""题画"等一系列与桃花扇有关的情节，贯穿戏剧始终，对于剧情的发展，人物性格的刻画以至主题思想的表现，起到了提纲挈领、纲举目张的重要作用。从"赠扇"定情始，他们的爱情就被置于明末清初与阉党激烈斗争的政治旋涡之中，最后，张道士撕扇，结束了侯、李二人的爱情悲剧，也衬托国破家亡的严酷现实。

《桃花扇》布局结构的特色是与"借离合之情，写兴亡之感"的创作思想分不开的。孔尚任在明代以来十分发展的爱情剧、时事剧的基础上另辟蹊径，成功地把爱情描写和政治斗争紧密地结合起来，不但使这一司空见惯的才子佳人故事有了深刻的社会内容，而且在艺术上也具有可贵的创新精神。使戏

一把扇子贯穿了全剧情节和矛盾

《桃花扇》在古典历史剧中占有重要地位

剧结构具有细密、宏伟、富于独创性的特点，把传统的爱情剧和时事剧都提到了一个新的高度。

（二）《桃花扇》体现了历史真实与艺术真实的完美融合。

茅盾先生曾这样评价《桃花扇》："从整个剧本来看，凡属历史重大事件基本上能保存其原来的真相，凡属历史上真有的人物，大都能在不改变其本来面目的条件下进行艺术的加工。……无论从运用史实方面看，或者从塑造人物方面看，它在古典历史剧中的卓越地位，差不多已有公论了。"的确，文学史上原有不少传奇通过

《桃花扇》把侯李的离合之情与南明的兴亡之感结合得十分紧密

男女主角的离合悲欢，串演一代兴亡的历史故事，但《桃花扇》的出现，却使这类创作达到新的艺术高度，它把侯李的离合之情与南明的兴亡之感结合得更紧密。

从总结历史教训的角度看，《桃花扇》"实人实事，有凭有据"已为大家所认同。作为一部成功的历史剧，剧本中绝大部分人物如侯方域、李香君、阮大铖、马士英、杨龙友、柳敬亭、史可法等确有其人，而且在历史上都在其独特的一席之地。他们的活动也以明朝的重大历史事件为背景，剧本具有历史感和真实感。在拥立福王、弘光王朝建立的大历史背景下，南明君主花天酒地、荒

《桃花扇》的艺术特色

淫奢逸；朝廷内部互相倾轧，马士英、阮大铖倒行逆施、作恶多端；江北四镇争权夺势、内讧火拼，史可法坚守扬州，忠心为国；复社文人与阉党余孽抗争，并流连于烟花柳巷等等，这些都是历史上确有其事的，剧本所写的一年中重大历史事件甚至考证精确到某月某日，达到"朝政得失，文人聚散，皆确考时地，全无假借"的程度。

《桃花扇》尽管是历史剧，但并不是历史书，而是文学作品，在忠于客观史实的创作精神下，加入丰富的故事情节，再配以人物感情、心理的刻画，使作品更具深度、广度和艺术表现力。孔尚任在《桃花扇凡例》中强调这种历史的真实说："朝政得失，文人聚散，皆确考时地，全无假借。至于儿女钟情，宾客解嘲，虽稍有点染，亦非乌有子虚之比。"孔尚任在《桃花扇》剧中对有些人物结局的改动是比较大的，如史可法自杀身亡，侯方域、李香君双双入道等等，这些都不符合历史事实。柳敬亭、苏昆生也同样被作者改变了最后归宿。历史上的杨文骢(龙友)，虽曾依附马士英，又和阮大铖结交，却很有民族气节，南明亡后他随唐王退守福州，拜为兵部侍郎，

《桃花扇》对人物感情、心理的刻画使作品更具深度、广度和艺术表现力

孔尚任与《桃花扇》

孔尚任将历史与艺术完美地结合起来

清军攻破福州后将其俘虏，劝其投降，不从，被杀。但在戏中，杨文骢却在南京沦陷前夕偷偷溜回他的故乡去了。

史实是艺术的骨架，艺术让史实更加丰满，作者对二者的完美结合反映了他的创作思想和自身的政治态度。为了塑造李香君的形象，作者虚构了溅扇、染扇、骂筵、入宫等重要情节，使人物形象更丰满，更能反映人民的愿望。对历史人物侯方域的加工与改造，恰恰能反映出作者的思想观点。从剧中侯方域的言行和政治态度，可以看出孔尚任抨击权奸、谴责福王的政治思想；对复社文人的描绘则表达了作者对他们的褒中见贬的

典雅优美的语言将读者带入如诗似画的意境

政治态度；而侯方域入道的结局，则是孔尚任的归隐愿望的流露，并且借此表达了国破家亡的悲剧情感。作者从戏剧艺术的要求出发，对史实进行加工和虚构的处理，完美地统一了历史的真实性和艺术的真实性，使情节更为精练，人物更为典型，戏剧特征更为鲜明。

（三）语言优美、典雅，富于文采，感染力强，显示出作者深厚的写作功力

《桃花扇》的语言既有戏剧的表演性又富于文采，达到了戏剧性与文学性的统一。作者对人物的描绘等语言方面的运用也有独到之处，写出了许多强烈抒情和个性化

孔尚任与《桃花扇》

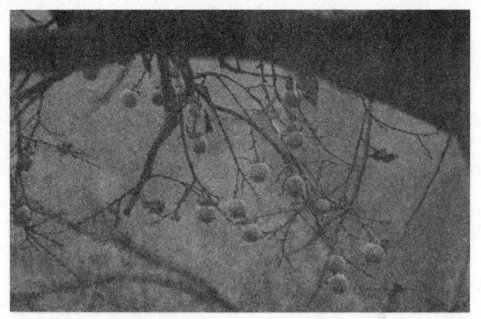

《桃花扇》的语言达到了戏剧性与文学性的统一

孔尚任巧妙地将历史真实性和艺术真实性统一起来

《桃花扇》的艺术特色

《桃花扇》的语言富有极强的感染力

的曲辞，又严肃详备地写好了宾白，这在古代传奇中也是罕有的。如"前局尽翻，旧人皆散，飘零鬓斑，牢骚歌懒，又遭时流欺谩，怎能得高卧加餐"。以独唱抒发阮大铖的牢骚，活化了他一副可怜相。"可恨身家念重，势利情多；偶投客魏之门，便入儿孙之列"一段白，似乎也不无反悔之意。但接着悄语："若是天道好还，死灰有复燃之日。我阮胡子啊！也顾不得名节，索性要倒行逆施了。"终于露出其奸邪、阴险的豺狼本相。这样唱词和宾白的配合，惟妙惟肖地刻画了阮大铖的形象。《余韵》中【哀江南】套曲更是传诵的名篇："俺曾见金陵玉殿莺啼晓，秦淮水榭花开早，谁知道容易冰消。眼看他起朱楼，眼看他宴宾客，眼看他楼塌了。这青苔碧瓦堆，俺曾睡风流觉，将五十年兴亡看饱。那乌衣巷不姓王，莫愁湖鬼夜哭，凤凰台栖枭鸟。残山梦最真，旧境丢难掉，不信这舆图换稿。诌一套哀江南，放悲声唱到老。"然而，作者在语言的运用上主张"宁不通俗，不肯伤雅"。所以给人的印象是典雅有余，当行不足；谨严有余，生动不足。这实际是许多文人传奇戏在语言上的共同特征。